浙江省社科联社科普及出版资助项目
浙江省社科规划一般课题（科普读物）-20KPCB04YB

访农创·新时代新农人

——浙江30位新农人乡村振兴励志码书

丁 勇 编著

浙江工商大学出版社
ZHEJIANG GONGSHANG UNIVERSITY PRESS
·杭州·

图书在版编目(CIP)数据

访农创·新时代新农人：浙江30位新农人乡村振兴励志码书 . / 丁勇编著 . — 杭州：浙江工商大学出版社，2020.9

ISBN 978-7-5178-3834-0

Ⅰ.①访… Ⅱ.①丁… Ⅲ.①农村 - 社会主义建设 - 研究 - 浙江 ②农民 - 先进事迹 - 浙江 - 现代 Ⅳ.①F327.55 ②K828.1

中国版本图书馆CIP数据核字（2020）第073048号

访农创·新时代新农人

——浙江30位新农人乡村振兴励志码书

FANG NONGCHUANG XIN SHIDAI XIN NONGREN

——ZHEJIANG 30WEI XIN NONGREN XIANGCUN ZHENXING LIZHI MASHU

丁　勇　编著

责任编辑	张晶晶
封面设计	林朦朦
责任印制	包建辉
出版发行	浙江工商大学出版社
	（杭州市教工路198号　邮政编码310012）
	（E-mail：zjgsupress@163.com）
	（网址：http://www.zjgsupress.com）
	电话：0571-88904980，88831806（传真）
排　　版	杭州红羽文化创意有限公司
印　　刷	杭州高腾印务有限公司
开　　本	710mm×1000mm　1/16
印　　张	10.5
字　　数	135千
版 印 次	2020年9月第1版　2020年9月第1次印刷
书　　号	ISBN 978-7-5178-3834-0
定　　价	68.00元

自序

———

　　40年不长，却创造了浙江改革开放的奇迹，40年不短，事事历历在目；15年不长，却筑梦读书助农无悔青春，15年不短，件件刻骨铭心；5年不长，却培育出63万浙江农创精英，5年不短，我们日夜兼程。

　　浙江改革开放的40年，是改革开路、负重前行的40年；是真抓实干、走在前列的40年；是激流勇进、创新创业的40年。大山教师强农梦的15年，是不忘初心、砥砺前行的15年；是访山问农、关注食安的15年；是只争朝夕、不负芳华的15年。浙江农民大学的5年，是务实创新、开拓进取的5年；是知识强农、科技富农的5年；是文化传承、以文化人的5年。

讲述农创故事，助力乡村振兴
——己所不食，勿施于人

　　孩童时代的大山田园生活，让我对基于自然

农法的耕食有了全流程的美好体验，我幼小的身体里建立了天然良食的"本味记忆"库，我幼小的心灵也深度树立了对大自然和土地的敬畏之心，懵懂了"一方水土养育一方人"。

求学工作后的都市繁华生活，让我对基于现代科技的耕食有了碎片化的体验，随着年龄的增长，身体的"本味记忆"让我越发想念家乡的"味道"，我开始思考什么是健康的生活方式（食、衣、住、行、养），并开始深思，什么是成功？我这辈子最想做的有意义的一件事是什么？

2006年3月15日，我的女儿丁苏逸的出生让我成为一名父亲，父爱引领我逐步领悟了什么是成功并找到了自己这辈子最想做的有意义的一件事：

格局决定一切，这辈子我要的是"让山里人富裕起来、让城里人健康起来"，凡是和这个目标无关的一切我都可以舍弃！

从此开始了为期15年的访山问农、关注食安和涉农培训，在这个过程中，我曾被很多有情怀的涉农从业者（农民、农创客、企业家、专家、学者、学生……）一次次感动，也曾被很多涉农反面事件一次次刺痛。在涉农培训的过程中，我逐步形成了对涉农从业者"己所不食，勿施于人"的倡议和对社会百姓大众"本味记忆，本地当季"的倡导，初步形成了"五爱"耕食理念（爱地球·爱中国·爱家乡·爱家人·爱自己），并得到越来越多有情怀的"新农人"的信任、支持和赋能。

2017年5月，在国家全面实施健康中国战略的大背景下，在中国·德清龙之谷美丽乡村国际高峰论坛上，我首次提出了"保护中国种"互联网＋行动的创想，得到了日中环境协会会长岛村宜伸、华尔街投资大师吉姆·罗杰斯、中国循环经济研究院特邀研究员范小克、浙江大学茶学博士生导师王岳飞教授、杭州师范大学阿里巴巴商学院副院长章剑林教授、德清龙之谷金志明董事长等400多位嘉宾、专家的积极响应和大力支持。2017年6月，我萌发了在我指导的大学生创新创业团队中跨专业遴选组建以"讲述农创故事、助力乡村振兴"为使命，以"把中国人的饭碗牢牢端在我们自己手里"为愿景，以"爱地球·爱中国·爱家乡·爱家人·爱自己"五爱为理念，以"让互信成为一种力量"为SLOGON的全国首个新时代三农致富带头人赋能融媒体平台大学生服务团队，并取名"访农创"，首批遴选了罗雪、谢基威、杨昊炀、董世佳、陈科向、麻敏杰六名爱心成员，后续陆续增加了陈依欣、胡晶晶、章智超、吴淑慧、张颖等多位爱心成员，有幸邀请了中国工程院院士刘仲华教授和浙江大学茶学博士生导师王岳飞教授等担任"访农创"爱心公益顾问。

2018年，在浙江省农业农村厅科技教育处调研员陆益、浙江农民大学教管中心副主任李震华的鼓励下，在浙江经贸职业技术学院副校长何学军、浙江经贸职业技术学院继续教育学院原院长许兴苗的支持下，在浙江农民大学各分校区、各地市农民学院和各县区农民学校同仁的帮助下，"访农创"首期30位浙江农民大学优秀学员访谈录项目成功入选浙江农民大学2018浙江农民读书月活动特色项目，访谈团队利用寒暑假、节假日和周末等业余时间，历时8个月，从浙江农民大学63万名优秀学员中严格遴选了30位有情怀、有知识、有本领的"新时代·新农人"，综合应用无人机航拍、多机位专业访谈、VR全景和蓝箱等新媒体技术多维度、全方位展示了"新农人"农创风采，创新构建"1书·1课·1展·1号·1片"的5个"1"融媒体传播矩阵——1本《访农创》·1堂食育课·1个校园展·1个公众号·1个宣传片，旨在感召更多有情怀、有知识、有本领的"新时代·新农人"一起聚力乡村振兴、赋能健康中国。

传播耕食智慧，赋能健康中国
——本味记忆，本地当季

"国以农为本、民以食为天、食以育为先"，在涉农培训服务的过程中，我发现"良食"卖难是农民当前最大的困难、"食良"买难是百姓最大的困惑，为了探寻有效破解"良食"卖难和"食良"买难的最小闭环，在查阅资料的过程中，我走进了食物教育（简称"食育"）领域并开始了亲身实操实践。

可能有人会问，食物还需要教育吗？我们中国有几千年的耕食文明和文化，我们的孩子从小就会用筷子，我们的孩子从小就认识蔬菜，食物还需要教育吗？其实，这些都只是食物教育的皮毛而已，真正的食物教育是一个非常非常专业的领域，对于一个国家或一个民族来说，食物教育就是生命教育，食物教育就是未来教育。

近年来，我十分开心地发现在我们的周围越来越多的各级政府、各类社团机构甚至个人正在以多种形式、多种途径在共同积极推进有中国特色的食物教育体系的构建。为保障食物有效供给，优化食物结构，强化居民营养改善，2014年1月28日国务院办公厅特制定了《中国食物与营养发展纲要（2014—2020年）》；为推进健康中国建设，提高人民健康水平，为实现中华民族伟大复兴和推动人类文明进步做出更大贡献，2016年10月25日，中共中央、国务院印发了《"健康中国2030"规划纲要》；为贯彻落实健康中国战略，提高国民营养健康水平，2017年6月30日国务院办公厅印发了《国民营养计划（2017—2030年）》……我本人十分期待我们能早日实现食物教育的国家立法。

食物教育本身是一个很有趣的命题，在不同文化的土壤里，食物教育会开出截然不同的花朵。英国的饮食课程、日本的包罗万象、意大利的慢食、法国的感知、芬兰的厨房教养，无一不是其基于本身文化与面对社会问题做出的答案。世界上第一个把"食育"提高到国策高度，并以立法形式规定社会各界应负的责任，自上而下贯彻"食育"的国家是日本。2005年，日本政府以议员立法的形式制定了《食育基本法》，其前言说，对培育孩子的丰富人性，使其掌握生存能力来说，最重要的是"食"，把"食育"置于生存的基本知识、智育教育、德教教育和体育教育的基础的地位。该法还指出，"食育"不是单指烹调技术的教育，而是关于对食的认识、营养学、传统食文化，以及成为食品之前的初级产品、加工产品的生产的综合性教育。

从 2017 年我首次提出"保护中国种"互联网+行动的创想开始，我策划并正式启动了面向未来父母（在校大学生）的食物教育公选课计划，并取名"耕食慧：邀你一起去嗨淘·大学生数字食育"（简称"耕食慧·数字食育"），2019 年，在校大学生食物教育公选课"耕食慧·数字食育"成功入选中国杭州下沙大学城 14 所高校校际公选课目录，"耕食慧·数字食育"第一期吸引了来自中国计量大学、浙江理工大学、浙江传媒学院、浙江警官职业学院、浙江经贸职业技术学院、浙江金融职业学院等院校的 17 位同学选修该课程，课程有幸聘请了杭州火石品牌策划董事长宋小春、杭州星我健康管理首席咨询师杨赛赛、杭州西红柿健康管理创始人刘素琳、江西康创邦创始人郭东方等 10 位专家组成的食物教育课程特聘讲师顾问团，首次采用理实一体方式面向首期在校大学生进行了线下互动式实操型食物教育实践。2020 年 1 月，"耕食慧·数字食育"第二期吸引了 50 名在校大学生选修，受疫情的影响，授课全程采用钉钉直播、抖音直播等直播工具进行了纯线上的互动实操型食物教育实践，其间，师生还组织开展了"抗疫援宅·食良助农""无接触·0 利润"基地食材爱心直供活动，为疫情下如何有序开展食物教育做了有益的探索与实践。

　　我开设"耕食慧·数字食育"公选课的初心之一在于保护和发扬中国历史悠久的耕食文化与传统。因为在现代社会生活里，中国的传统耕食文化面临丢失的危机。当然，推进食物教育也是希望构筑起消费者和生产者之间的互信关系，从而增强地域社会的活力，发展和继承我国丰富的食文化，继而推进与环境和谐共生的食材的生产和消费，提高食材的自给率。2019 年，以"访农创"学员作为供应端，以"耕食慧·数字食育"教师作为消费端，我们尝试性开展了以"校园展"为主要形式的"新供销·新零售·新农创"现代智慧涉农培训服务模式的探索与实践，2019 年 3 月 28 日，浙江日报以《培育农民致富的领头羊》为题报道了我们创新开展的三门县优质农产品进杭城高校校园展推介活动。"校园展"创新融合了"访农创"优秀学员采访、"耕食慧·数字食育"校园趣味科普、"新供销·新零售·新农创"校园实战培训、校社企三方签约、实操营养师现场检测指导、农产品师生品鉴（测评）、校园O2O展销预售直供等一站式服务，并从培训班60多名学员中遴选出12家专业合作社携带50多个SKU优质农产品参与现场测评，面向师生累计发放7000余张食物教育主题活动游园卡，累计发放食物教育奖品三门"山湾橘"数千斤，并面向意向教师开展了为期半年的基于预售模式的三门优质食材（海鲜）"0利润"基地爱心直供服务模式的探索与实践。

2019年11月19日，在第二届浙江农民读书月活动现场，由"访农创"首期访谈学员联合发起的浙江农民大学校友优质农产品供销联盟（简称"联盟"）在原浙江省副省长、浙江省政协副主席孙景淼等政府领导和1000名现场学员代表的见证下被政府正式授牌，联盟定位为耕者赋能、为食者谋福的涉农爱心互助组织。联盟以"为教师严选好食材、为学生传播食文化"为使命，有效整合浙江农民大学63万名学员，以杭州下沙大学城为试点，将有序开展基于"访农创"（良食库）＋"校园展"（互信）＋"耕食慧"（食良社）形式的"保护中国种"互联网+行动的探索与实践，以推动中国式"良食"库和中国式"食良"社的构建，从而增强中华民族耕食文化自信、增进"产""供"与"销""消"的互信，让互信成为一种力量！助力推动中国食育立法，为破解"良食"卖难·"食良"买难提供精准数字耕食的大数据支撑。

守得住梦想！

经得起诱惑！

耐得住寂寞！

丁　勇

2020年8月于钱塘江畔

目录

冯泽宝视频访谈

冯 泽 宝

把青春扎根在希望的田野上

冯泽宝·义乌市义宝农庄总经理

　　他是一位典型的中国式农民，凭借敢闯敢拼的性格，大胆务实的干劲，在稻米产业化之路上取得了累累硕果，也实现了从普通农民到全国粮食生产大户的华丽转身。他2016年在京获得"全国十佳农民"称号，也曾多次被评为全国种粮大户、全国粮食生产大户、全国粮食生产大户标兵、浙江农业科学发展创业创新"粮食生产十佳典范"和"浙江省优秀种粮大户"等，并得到各级领导的充分肯定。

坚信政府，勇往直前

冯泽宝是一位朴实的农民，也是改革开放后依靠科技进步实现勤劳致富的先进典型。先前的他虽然有致富的梦想，先后从事陶瓷加工、摄影、果冻加工、车辆运输等工作，但总是与幸运之神擦肩而过。1998年义乌市第二轮土地延包试点工作在他家乡义亭镇枧畴村进行，当地镇政府和村两委为探索农业适度规模经营模式，走现代农业发展之路，决定在稳定农户基本口粮田的同时，集中全村的责任田由村两委统一发包。而此时正值我国面临卖粮难的困境，许多村民犹豫了。但是冯泽宝这位汉子，经历的多重困难和挫折，造就了他坚毅果敢的品格，他坚信党的富民之路，坚信政府的扶农政策。在村民们疑虑的目光下，他毅然借贷承包了286亩责任田。一年的辛勤劳作终于换来了丰收的喜悦，逐渐2000年，在当地党委、政府和市有关部门的大力支持下，冯泽宝走起了农业企业化的发展道路，创办了义乌市义宝农庄，注册了"义宝"牌商标，并逐步投入资金，先后购置多种农业机械和粮食加工设备，逐渐从最初的单一粮食种植大户转变为稻米生产、加工和销售的产业化农业企业。

大胆且有思路的冯泽宝，从开始规模经营就不甘平凡。自企业创办以来，冯泽宝始终坚持"以市场为导向，以基地建设为中心，以科技为支撑，以产品质量为保证"的思想，顺应农业产业结构的调整和城乡居民消费需求的变化，大力探索稻米产业化经营的新路子。义宝农庄不仅在本地将种植规模扩大到965亩，还在吉林、黑龙江、江西等地建立了生产基地，实现了走出本地的发展战略。

高瞻远瞩，锻造品牌

在生产过程中，冯泽宝十分注重农产品质量安全，建立了无公害稻米生产质量监管体系，制订安全管理制度，做到分工明确、责任到人、重点突出、考核有据。完善无公害稻米生产技术操作规程，健全质量安全管理制度，严格投入品的使用，规范生产档案记录管理，强化无公害稻米的生产监管，增强自检能力，提高组织化程度和标准实施应用水平。义宝农庄生产的大米，不仅通过了无公害农产品和有机食品的认证，而且在历年产品质量抽检中均达到了相关标准的要求。义宝牌大米先后获得了中国稻博会金奖、浙江省农博会金奖、浙江省十大品牌大米等奖项。2009年，义宝牌商标被评为浙江著名商标，义宝牌大米被认定为浙江省名牌农产品。

据统计，如今的义宝农庄社会化服务范围达7个乡镇（街道），服务面积达1.2万亩，占全市水稻面积的35%以上，占冯泽宝所在的义亭镇水稻面积的75%以上。社会化服务不仅给企业带来了良好的经济效益，也为促进当地农户增产增收、农业"三新"技术推广，以及粮食生产的稳定发展做出了积极的贡献，得到了省、市领导的高度肯定和好评。2000年至2015年，义宝农庄连续被认定为浙江省、金华市及义乌市农村科技示范户。

响应号召，开疆扩土

改革开放以来，义乌从一个名不见经传的农业县，迅速崛起为经济总量和综合实力位居前列的国际商贸城市，世界各地人士慕名而来。由此带来的问题是，要解决这么多人口的吃饭问题，义乌每年都得从外地调入大批粮食。面对"人多地少"的局面，除转移大量农民到第二、三产业之外，浙江省委、省政府积极鼓励和引导农民大胆"走出去"，拓展农业发展空间。目前，浙江农民外出开发农业的足迹遍布全国乃至国外，冯泽宝便是其中的典型。

为做大做强企业，从2003年开始，冯泽宝积极实施"走出去"发展战略，按照"优势互补、互利双赢"的合作形式与主产区企业开展产销合作，发展省外优质稻米基地。其先后在吉林省永吉县和延吉市建立了富硒东北稻米基地5100亩、有机稻米基地3000亩，在黑龙江省虎林市八五八农场建立优质稻米基地5000亩，在江西省乐平市建立无公害稻米基地2000亩。

在省外建立生产基地，实行"走出去"的发展战略，不仅有利于缓解本地土地资源紧缺的难题，也有效推动了省外农民致富。这些年，冯泽宝每年要从省外基地调运优质稻米4900余吨，在一定程度上满足了义乌市优质稻米的消费需求，也为丰富当地粮食市场有效供给做出了积极贡献。2008年8月，冯泽宝受邀跟随浙江省政府代表团赴吉林省参加浙江在吉粮食企业座谈会并做了典型发言，时任省长的吕祖善对冯泽宝大胆"走出去"，大力开展产销合作，建立省外粮食基地的做法给予了充分肯定。

经过近20年发展，冯泽宝创办的义乌市义宝农庄资产规模达到了3000万元，年产粮食7200吨，年销售大米4900吨，产品销往上海、杭州、宁波、金华和本地超市及粮食批发市场，年销售额达4167万元，成为义乌市知名的粮食生产、加工、销售大户。冯泽宝先后被授予全国种粮大户、全国粮食生产大户标兵、浙江省粮食生产十佳典范、浙江省优秀种粮大户、金华市劳动模范、金华市十佳农村实用人才和义乌市突出贡献农业技术人员称号，并连续3届担任义乌市政协委员，现任金华市政协委员。2016年，他更是被评为"第三届全国十佳农民"，也是浙江省第一个获得此项殊荣的人，其创建的义乌市义宝农庄分别被评为金华市农业龙头企业、义乌市十佳农业龙头企业。

全国十佳农民冯泽宝得到时任国务院副总理的汪洋接见

朱卫东视频访谈

朱 卫 东

人间仙草的呵护者

朱卫东·浙江寿仙谷医药股份有限公司种植基地场长

　　他2000年入职浙江寿仙谷医药股份有限公司，现任公司有机国药种植基地场长，多年来兢兢业业、无私奉献。他用执着与追求，诠释着对党和事业的忠诚；他用实际行动，带领公司基地员工积极工作，发挥先锋模范作用；他用慧眼和丹心，勤心浇灌科技之花，把科学技术带给农民，使农民丰收着不尽的希望和硕果；他用科学文明新风传递健康养生，帮助广大群众走向了致富奔康之路。近三年来，他代表公司联结了在安徽、江西的

7个专业合作社，带动当地1000多户农人发展珍稀药材的栽培，实现产值2亿多元。

积极广泛宣传，做科学的"代言人"

2000年，朱卫东开始负责公司有机国药基地珍稀药材优良品种选育、栽培生产。如何让生长在深山里的铁皮石斛、灵芝等珍稀药材适应产业化种植，有着钻研韧劲的朱卫东和同事们整天蹲在大棚里，一次次地研究实践，最后成功探索出仿野生有机生态循环经济栽培模式。多年来，他先后参与了"'仙斛1号'铁皮石斛新品种选育及产业化研究""灵芝新品种选育和生态高效栽培及精深加工关键技术与产业化""精加工用灵芝优良品种选育及栽培技术研究"等20多项国家、省、市、县科研项目。作为相关项目负责新品种选育及配套栽培技术研发的主要完成人，他先后获得全国工商联科技进步二等奖、浙江省科学技术二等奖、金华市科学技术奖一等奖等殊荣。2014年，朱卫东被评为武义县第四届享受县政府津贴优秀人才。"每一项新品种的研究开发，都凝聚了公司各部门技术人员的智慧与协作。当从最基础的栽培实践中发现了某株特别的品种时，我真的很开心，也很有成就感。像石斛，我们就在不断地研究选育抗病力强、药效成分高、产量高的品种。'仙斛3号'就达到了这个要求。"朱卫东自豪地说。

朱卫东充分运用各种科普设施阵地和方式，开展宽领域、多视角、大覆盖宣传。以农事活动为载体，深入广泛地开展食用菌及名贵药材的种植宣传，让科学技术走进千家万户，使学科学、讲科学、爱科学、用科学的良好风尚在农民中蔚然成风。2012—2014年期间，他共举办农业知识讲座4次，发放各类图书1000余册。2012年，带头组织举办农业标准化大讲堂，发动农民朋友开展有机农业种植及标准化生产。同时，他经常深入田间地头、农家院落，为发展新产业、培育新农民、建设新农村提供科技支撑，收到了很好的效果。

开展科技培训，做提升农民素质的"传递者"

以打造"有文化、懂技术、善经营、会管理"的新型科技型农民为目标，通过"园区示范＋基地共建＋骨干带动"的培训模式，朱卫东邀请科技专家前来咨询辅导，自己身先士卒，模范带头抓技能，同时发挥科技致富能手的示范作用，引导、辐射和开展"一帮一""一带三"技术传帮带活动，用身边事教育身边人，增强了可信性、可学性、灵活性，以各种方式引导辐射农民朋友更新了知识，增长了技能，建起了产业。其累计开展技术培训14次，受训达500余人。

科普示范，做农村科普的"引路人"

以"做示范、拓模式、树样板"为宗旨，朱卫东着力开展了"创建科普示范户"活动，培养了一批科技致富能人，建立了一批技术含量高、示范带动强、综合效益好，具有教育、示范、推广、服务功能的各类示范基地。如今寿仙谷有机国药基地已成为全国青少年科普示范基地、中华药学会药学科普示范基地、金华市农村科普基地、武义县农村科普基地、武义一中教学实践基地等。他与团队通过共同努力，创建示范基地40余个，为推动科普工作蓬勃发展做出了贡献。

科技创新，做产业发展的"先行者"

按照"提高科技创新能力，加速科技转化、运用和推广"的工作思路，朱卫东三年来围绕打造有机国药第一品牌，努力做大做强中药材产业。针对珍稀植物药材及名贵中药材的生长习性，朱卫东凭借多年的工作经验，开创了仿野生原木有机栽培灵芝新技术，探索出了可适应产业化推广的栽培技术，形成了灵芝生态循环经济栽培模式。同时作为一名基地技术员，他不断摸索与实践，攻克了模拟自然生态环境有机栽培的难题，保证了药材的道地性，改变了以往铁皮石斛种植过程中造成的农田沙石化、不易复耕的局面，形成了规范的经营管理模式，建立了药材质量可追溯体系，有效保证了产品的质量。通过不同品种、配方、栽培模式组合的研究和优化，形成了代料香菇周年栽培技术体系，实现了自然环境下香菇周年栽培的成功突破，取得了良好的经济、社会、生态效益。

保护种质资源，勇做科学的"捍卫者"

随着生态资源不断被破坏，过度地使用化肥农药及人为的过度采挖，

全国劳模朱卫东在基地研究、探索、传播科学种植技术

野生种植资源将越来越匮乏，势必需要加大保护和收集、整理力度。朱卫东大胆提出了种植资源的保护措施与建议，组建种植资源普查小组，带领团队跋山涉水、披荆斩棘，收集了各地残存的78种铁皮石斛、灵芝种植资源及500多种濒危中药材物种，为科技的发展提供了保障，捍卫了资源的保护，并为产业的可持续发展奠定了基础。朱卫东被评为第四届享受县政府津贴优秀人才。

李汝芳视频访谈

李 汝 芳

为食药用菌种植奋斗终身

李汝芳·菇尔康生物科技有限公司董事长

　　他是全国科普带头人，中国食药用菌产业贡献奖获得者，浙江省农业科技先进工作者，浙江省基层农技推广突出贡献农技员，浙江省灵芝专家组专家成员，浙江省行业标准竹荪栽培技术起草人，金华市十佳农村实用人才，金华市劳动模范，金华市拔尖人才，永康市第十五届、十六届、十七届人大代表及人大常委。他的企业曾获得全国基层农技推广科技示范基地、浙江省农业科技企业、浙江省农业企业科技研发中心、浙江股权交易中心创新版挂牌企业（企业代码：859138）、浙江省守合同重信用单位等。他为全国培训了 2 万多名食药用菌专业技术人才，协助开发培养了 1 千多家食药用菌专业户。

从一个"门外汉"到永康市食药用菌研究所所长，再到现在成为"宜游、宜养、宜观"的菇尔康生物科技有限公司的董事长；从单打独斗，到现在有 2 万多名学生遍布全国各地，在江西、福建、四川、江苏等省建立食药用菌基地 8 个，在全省各地发展食药用菌专业户 5 千多户；从传统的劳作者，到如今拥有 20 多项创新技术的全国科普惠农兴村的带头人——20 多年来，永康农民李汝芳不仅成为发展现代农业的佼佼者，而且以质朴之心分享自己钻研出的种植技术，帮扶他人，真正成为新农业、新技术的带头人，实现了共同创业致富的社会效益。

永康是百工之乡，中国五金之都，生在这片土地上的李汝芳也很有从事手工技艺的天赋，年少时因家庭贫困辍学的他先后学习了打锡技艺和木工手艺，并在 20 岁时成为"万元户"。但这时，李汝芳的母亲突然患癌，时日无多。金钱也换不回母亲健康的事实让李汝芳非常痛苦，他常常晚上一个人躲在没人的地方哭。这时有医生告诉他，可以多给病人吃一些有益的菌菇，李汝芳就四处寻找有保健作用的菌菇给母亲。李汝芳的母亲最终多得了几年的寿命，但随后父亲也患癌去世，李汝芳深深地感受到了健康的重要性，并从五金行业的潮流中退了出来，背负着父母治病所欠下的 7 万多元债务，踏上了种植菌菇的道路。

菌菇怎么种植？李汝芳决定自己试试看，然而尝试了多次，得到的是零星几朵品相差的平菇，还额外增加了 1 万多元的债务。李汝芳果断停手，转换思路。每天，他骑着破自行车，从村子这头跑到村子那头，从这个村跑到那个村，从这个县跑到那个县。哪里有菌菇种植能手，他都跑去看，主动上门当免费劳动力，什么活都肯干。种植户们见小伙子勤劳本分，也乐于传授一些种植技巧。空闲时，李汝芳就翻阅《农村百事通》《浙江科技报》等书报充电。在学习和实践中摸索出门道后，李汝芳很快适应并扩大生产。在当地政府的支持下，1998年，他创办了永康市食用菌研究所，2002年创办了永康市食用菌协会，2004年牵头组建了永康市"三农"菌业专业合作社，2008年创办了浙江菇尔康生物科技有限公司。

经过多年的打造，李汝芳创办的浙江菇尔康生物科技有限公司集食药用菌科研示范、技术培训、种植推广、加工销售为一体，以"公司＋研究所＋合作社＋农户"的模式，标准化生产灵芝、猴头菇、灰树花、竹荪、猪肚菇、香菇、黑木耳等20多种食药用菌，成为浙江省农业科技企业、浙江省农业科技研发中心。不知不觉中，李汝芳这个名字在食药用菌种植行业有了不小的名气，逐渐成为全国科普惠农兴村的带头人。

在李汝芳家有个玻璃柜，里面还存有上千封全国各地乃至国外的来信，信里大多数内容都是表达上门求学的意愿，以及学成后的铭记和感恩。刘德才是黑龙江的一名小伙，2004年，他一连写了五封信给李汝芳，用清秀的字迹写下了家里的窘境，表达着自己对菌菇种植行业的喜爱和向往。在第三封信上，他写下了"几经拼搏几经折，家徒四壁终不悔。学我新枝创菌业，三写书信寄永康。盼望早日得师助，夜晚书信灯不明"的诗句。有感于与刘德才类似的遭遇，李汝芳给予了对方帮助，并把他的信件妥善保存了起来。

福建浦城的范孝星在广播中听到李汝芳的事迹，上门求学。在当时上门求学的那批学生中，李汝芳一眼看出了范孝星的聪慧和踏实，从此他们结下了亦师亦友的情缘。当年求学时的穷小子范孝星，现在已经成为当地数一数二的食药用菌种植专业户，他成立的灵芝仙草种植专业合作社每年有五六百万的效益，并带动了周边的许多农户致富。

　　十多年来，全国各地的朋友得知食药用菌种植创富的门路和致富经验后，纷纷前来李汝芳这儿拜师学艺，李汝芳都毫不保留地给他们传授食药用菌栽培技术的各类知识和经验，"李总"和"李老师"的身份无缝切换。李汝芳说，当初自己从事菌菇种植，本来就是希望发展食药用菌产业，让更多人在健康上获益。而自己从一无所有到成为技术带头人，一路上也得到了很多人的帮助，所以面对别人，他也不想藏私。多年来，李汝芳为全国培训了2万多名食药用菌专业技术人才，协助开发培养了1000多家食药用菌专业户，在江西、福建、四川、江苏等地建立了8个食药用菌基地。

　　2008年，为了支援地震灾区重建，李汝芳无偿为四川骑马乡5000多亩的食药用菌基地提供了技术指导及培训，并在之后近十年的时间里一直帮助当地培养技术人员，随时为他们提供技术支持。如今，四川骑马乡的食药用菌基地已经扩展到了六七千亩，按每亩地获利1万元左右计算，该基地能创造五六千万元的年产值，为灾区的灾后重建和后续发展提供了强有力的支撑。

　　相比发家致富，一直以来，李汝芳更注重食药用菌产业链的拓展与延伸。目前，菇尔康已成为浙江省科技教育中心食药用菌培训基地及浙江农林大学、永康第二中学挂牌的食药用菌实习基地。其打造的食药用菌精品园成为浙江省首家花园式灵芝观光园，成为当地中小学生科普活动场所。

全国科普带头人李汝芳荣获2017年浙江乡村振兴带头人金牛奖

　　只有不断地创新，才有不断地进步，如今，李汝芳正在着手开展菌菇养生文化旅游，以充分整合原有土地、林业、技术资源，让市民了解菌菇的生产全过程，体验菌菇养生文化，从而带动产品销售，实现菇尔康食药用菌产业的可持续发展，打造让市民体验可学、可看、可采、可做、可购的高品质休闲旅游。同时，这一举动也以农耕文化、诗意田园、生态农业为载体，将现代农业与美丽乡村建设、养生产业融合为一体，为城乡居民提供"看得见山，望得见水，记得住乡愁"的宜游、宜养、宜观的休闲旅游体验。

马国荣视频访谈

马 国 荣

非遗酱文化传承与传播者

马国荣·杭州萧山党山酱萃食品有限公司掌门人

　　他是萧山萝卜干国家标准起草人、萧山萝卜干小包装创始人、萧山萝卜干酱腌菜非物质文化代表性传承人、浙江省百强农产品继承人、杭州市"百姓学习之星"、浙江省酱菜协会副会长、浙江省调味品协会理事、浙江省百强经济人。其所掌门的公司自2013年荣获"浙江老字号"荣誉以来，以坚守诚信为经营理念，以品牌传承助推成长业绩，不仅获得了消费者的青睐，而且受到了社会各界的认可和权威机构的一致好评，于2015年获得

"金牌老字号"荣誉。

七八岁开始，马国荣经常跟随父亲到蔬菜加工场玩耍，由此便开始接触萝卜干等蔬菜的加工工艺。十七八岁的时候，马国荣选择进入蔬菜加工场打零工，初步认识和了解了萝卜干等蔬菜的加工工艺和步骤，时常向场里的老师傅请教一些有关腌制的经验等。但在平时的工作中，他始终感觉自身知识很缺乏。一次偶然的机会，他遇到了农函大瓜沥辅导站的王老师，在王老师的牵线搭桥下，他逐步接触到一大批蔬菜种植方面的行家里手。他虚心向他们请教，孜孜不倦地学习，在瓜沥农函大的教室里时常能看到他潜心学习的身影。这为他以后终身从事的萧山萝卜干等酱腌菜制作技艺打下了扎实的基础。

企业的艰苦历程

1989年，在夫人王燕铭的支持下，马国荣承包了党山供销社蔬菜加工场，从企业的打工者成为企业的老板。成为企业掌门人之后，为了开拓市场，马国荣积极研发新产品。当时，小包装榨菜风靡全国，但萝卜干还没有小包装。榨菜可以小包装，萝卜干难道不可以吗？看准这一市场商机后，他第一时间就把自己的想法告诉妻子，妻子十分赞同。没有钱怎么办？去借。于是，马国荣在向海宁斜桥榨菜厂借了两台真空机之后，又向朋友借了7000多元到普陀塑料包装厂做袋子。这样，小包装萝卜干就诞生了。但是，随之而来的新问题又让马国荣陷入困境，虽然小包装精美，但出现了涨包、发黑、发酥、发酸四个难题。

一次次的失败使马国荣背上了沉重的债务，亲朋好友都劝他不要搞下去了，但马国荣不肯，他说萧山萝卜干这口饭我吃定了。没有资金，马国荣在妻子的支持下，毅然卖掉了唯一的商品房，把售房款又投入到萝卜干小包装的试验中去；没有技术，他到农函大瓜沥辅导站、省农科院参加培训，学习现代化酱腌菜的发酵加工技术。在浙江省农科院沈国华教授的指点下，经过一次又一次的探索实践，1996年，他终于取得了小包装萝卜干的成功。马国荣把萝卜干的传统工艺和现代化包装技术完美地结合，成功研制了畅销全国的小包装可口萝卜干，被浙江省科委评为优秀科技产品。

事业的创新发展

2001年，马国荣在党山工业园区建造了党山酱萃新的厂区，而这也是萧山第一家萝卜干加工标准车间。2005年，党山酱萃完成QS生产许可证；2006年，完成ISO9000质量体系认证；2007年，完成HACCP国际标准认证，并办理了出口生产销售许可证。在管理方面，马国荣严格要求员工对产品进行产前产后严格的检查，控制农药残留，保障食品安全。在生产方面，马国荣与浙江大学食品营养系合作，成功解决了萝卜干食品安全防腐问题。

2009年8月，马国荣随以杭州市副市长何关新为团长的农业考察团到台湾地区进行了为期8天的农业考察。通过此一行，马国荣不仅对台湾地区的企业文化的经营理念有了不一样的了解，同时了解到台湾地区农产品加工品质源头控制手段——建立原料基地，这让他受益匪浅。

回来后，马国荣立刻着手组织成立了萧山萝卜干专业合作社，萝卜干的收购规模从最初的几万斤发展到2014年的20多万斤，合作社销售萝卜干的价格从一元钱一斤，到目前的五元钱一斤，现已发展成为萧山地区规模最大的萝卜干生产加工合作社，马国荣也由此成为当地农民增收致富的带头人。

随着社会的发展，人们生活水平逐渐提高，消费者对食品的要求越高，也开始注重价格以外的方面，如安全、营养等。于是，马国荣为了提高公司产品的品质，报名参加了浙江大学食品营养系的培训，得到了沈建福教授的悉心传授。马国荣经过学习，总结了一定的理论知识。2014年，他和农函大瓜沥辅导站合作编写了《萧山酱腌菜传统制作技艺》，这不仅丰富了酱腌菜研究开发的理论依据，也成为农函大学员的培训教材。马国荣还自费将《品牌——什么叫品牌》《舌尖上的酱文化》整理出版。2015年，马国荣凭借萧山萝卜干、酱腌菜两项传统技艺被评为第二批萧山区非遗项目代表性传承人，也是杭州市级唯一的萧山萝卜干技艺传承人。

马国荣还兼任浙江工业大学等学校的校外客座讲师，通过演讲，他让学生了解了萧山萝卜干的文化精神及产品，这让学生们早日了解、接受和爱好萧山萝卜干，为萧山萝卜干的传承打下良好的基础。为扩大宣传面，他向翁仁康学习莲花落，用莲花落歌谱撰写萧山萝卜干歌词，用不同的方法传播萧山萝卜干品牌。为了让萧山萝卜干进入千家万户，马国荣积极把萧山萝卜干与互联网有机地结合起来，同阿里巴巴、京东、天猫、淘宝等网站进行对接，让萧山萝卜干进入互联网，进入广大市民的心目之中，让萧山萝卜干紧跟时代的步伐永不落伍。

未来的美好梦想

最近，马国荣又在忙忙碌碌地做一件事，就是利用萝卜本身自有的保健价值，运用新的工艺、新的科技方法把萝卜干做成保健食品，提高萝卜干的附加值，同时提高农民收入。

马国荣积极保护、传播和创新发展萧山萝卜干酱腌菜非物质文化

　　对于这一大胆的创新，马国荣深知此举任重道远。过去，为了把萝卜干从传统食品改造成休闲食品，他花了7年时间。现在要将萝卜干从休闲食品升级成为保健食品，其难、其曲折可想而知。他坚信一靠自己努力，二靠政府支持，三靠找到合适的科技院校和技术人才，四靠媒体正确科学的宣传报道，他一定会取得成功。成功总是属于有梦想的人！

汪光富视频访谈

汪 光 富

文旦脱贫致富的带头人

汪光富·台州文旦花开文化创意有限公司董事长

　　35年来，他把人生最美好的黄金时间奉献给了家乡新农村建设，被群众称为"村民脱贫致富的带头人""热心为民办事的村干部"。他创立的"垟根牌"文旦获得无公害食品、农博会"优质农产品"、浙江名牌产品、浙江农业吉尼斯柑橘擂台赛（柚子）一等奖、台州名牌产品等殊荣。垟根村文旦种植面积从1983年的120亩，发展到20世纪90年代末的1000余亩，到现在的2200亩，产值从20世纪90年代末的700万元增加到现在的3000

多万元，现在文旦产业已成为垟根村经济发展的支柱产业。

选准产业，发展致富路子

垟根村位于玉环县清港镇东大门，这里三面环山，生态环境得天独厚，是盛产文旦的黄金宝地。进入村庄，闻到的是沁人心脾的文旦芳香。小小文旦创就一个特色村，靠文旦脱贫致富的垟根村也经过了一段周折的发展道路。

当时村里隧道未开通，地理位置偏僻，信息闭塞。20世纪80年代以前，村民祖祖辈辈种点水稻、番薯、小麦等传统粮食农作物维持生计，每亩收入200元左右，经济效益低下，温饱不能保障。因此，汪光富下决心要改变家乡面貌，帮助村民脱贫致富。

为此，汪光富想了诸多办法。他首先参加了"中国农村致富技术函授大学"第一期养殖系学习，并从新昌、嵊州等地引进优质长毛兔，办起长毛兔养殖场，同时开展种养结合模式，从宁波奉化引进优质黄桃苗，在旱地试种。当时长毛兔养殖收获了一些经济效益，带动了当地部分村民从事养兔业。他也经常在县广播电台发表讲话，宣传养兔技术经验。好景不长，由于国际市场兔毛销路疲软，村民生产的兔毛滞销积压，最终以亏本收场。种植的黄桃、枇杷等水果效益不明显，且易受病虫危害，很快便夭折。期间，他还跑到诸暨梅堰珍珠蚌养殖场尝试河蚌养殖，也以失败告终。

直到1983年，村里开始尝试文旦种植才赢得真正的转机。万事开头难，想要致富，要先转变思想观念。当初村里发动农户的时候，到处碰钉子，部分思想保守的村民不想改变种植方式。汪光富同村里其他党员干部带头开展120亩文旦试验基地建设。他还担任业余广播宣传员，每天广播动员村民搞好文旦种植管理。功夫不负有心人，经过三四年的精心栽培，一个个金灿灿的文旦卖出了好价钱。一亩田种出的文旦，可以卖到2000元，与种粮食每亩200元的收入比较，简直是天壤之别。这使得汪光富把垟根村变成文旦生产专业村的决心更加坚定，他为村里制订了文旦生产发展规划，争取5年内旱地达到连片种植，10年内延伸到水田连片种植，20年内发展到山坡地种植文旦全覆盖。

依靠科技，拓展产业空间

有知识、有技术，才能带领村民种出高品质的文旦。汪光富先后参加了县里举办的农函大培训班、台州市高级农技师培训班、浙江农民大学创业培训班。作为清港镇一名技术精湛、经验丰富的农函大学员，他掌握了果树的生理学、病理学知识，现代施肥技术，土壤管理技术等。

同时，他还积极组织果农开展栽培技术培训。一方面邀请以色列、日本等国家和我国浙江省柑橘研究院、浙大等研究机构的专家、教授来基地授课培训，现场手把手传授种植技术；另一方面鼓励村民们报名参加农函大培训，200多名果农拿到了农民技术员证书。

有了技术的支撑，村民从旱地连片种植，扩大到水田连片种植，延伸到山坡地种植文旦。村里的田头地角、荒山荒坡，只要有地，村民"见缝插针"，全部种上文旦树。文旦种植面积从1983年的120亩，发展到20世纪90年代末的1000余亩，到现在的2200亩，产值从20世纪90年代末的700万元增加到现在的3000多万元，现在文旦产业已成为村级经济发展的支柱产业。

从 2003 年开始，汪光富带领村里率先实施优质园地整治，形成路相通、管相连、灌有水、涝能排的新格局。基地列入浙江省特色农产品精品基地、浙江省现代农业园区主导产业示范区、农业部首批"一村一品"特色基地、农业部"菜篮子"工程建设基地。垟根样本成为玉环县新农村建设典型，2007 年，汪光富参加了"新农村建设巡回宣讲团"，在全县各乡镇街道的干部大会上，宣传垟根样本，宣传产业发展取得的成效，举办宣讲 9 场次，与会 1000 余人次。

开拓市场，强化品牌管理

产量上去了，销售渐渐成了问题，靠玉环县附近地区的销售，难以消化垟根文旦的产量。汪光富通过学习，深刻认识到文旦营销的重要性。在保证文旦品质的前提下，搞好文旦销售，畅通销售渠道，成了汪光富考虑的头等大事。2001 年，汪光富带领村民成立了玉环县垟根文旦专业合作社，并注册了"垟根牌"商标。同时，"垟根牌"文旦积极参加省农博会、森博会、省旅游产品博览会、食品博览会，拓宽销售渠道。另外，汪光富十分注重品牌宣传，至 2015 年底，成功组织并举办三届玉环（垟根）文旦生态文化节，把垟根文旦做成了有品牌、有故事、有文化的特色产业，使"垟根牌"文旦名声远播。

通过学习农产品产销知识和技能，汪光富对如何发展文旦产销有了更加深刻的认识和想法。凭借农民信箱、电子商务网络平台，开设网上绿色通道，推行网络销售，他自己仅通过网络销售文旦纯获利 10 多万元。现在除网络销售外，台州市的农特产超市都设有"垟根牌"文旦专卖店。

汪光富扎根农村 35 年，从事文旦产业发展 25 年，为垟根文旦产业发

村民脱贫致富的带头人汪先富科学发展玉环文旦事业

展做了大量的宣传发动工作，把人生最美好的青春年华奉献给了家乡新农村建设。展望未来，他表示，将充分发挥党支部书记"领头雁"作用，以"绿水青山就是金山银山"的发展理念为指导，以文旦生态基地为依托，以美丽乡村建设为契机，坚持"生态立村，绿色富民"治村之道，带领全体党员团结拼搏，做精做强文旦产业，延伸产业发展链，积极开发旅游资源，发展乡村旅游、农家乐、文化农业、休闲农业，让客商来基地品文旦、赏风景，真正把垟根建成"宜居、宜业、宜游"新农村。

李云中视频访谈

李 云 中

探寻农民致富"金钥匙"

李云中·衢州市合农心农业开发有限公司董事长

他曾是一所技术培训学校的校长，为了投身农业，他开始了第二次创业。他是全国农村创业创新入围奖获得者、衢州市十佳致富农民、柯城区拔尖人才、柯城区优秀青年、柯城区创业模范、柯城区十佳农村实用人才、柯城区农合联副理事长、柯城蔬菜联合会会长。他的企业获浙江省农业科技企业、衢州市市级规范化农民专业合作社、市百强合作社、浙江省大学生实训基地、市龙头企业、市级扶贫龙头企业、三星级农家乐、区级青少年劳动实践基地、农村AAA级信用单位等荣誉。他打造的"耘中"牌商标是市级著名商标和省级著名商标。

2007年，李云中投身农业，开始他的第二次创业。在这之前他是衢州市正大技术培训学校的校长。办了十年的学校，他总觉得没激情，没有发挥自己的长处和激发内心的动力，于是骨子里对田地的热爱使他鼓起勇气承包下一片土地，打算大干一场。

他说："我投身农业是一种情怀，也是一个农民儿子的真情回归。"经过调研，他最终选择中国围棋之乡——围棋仙地柯城区石室乡的风景区，烂柯山脚下的一块基地作为创业创新之始。他利用这些得天独厚的优势，不仅种植了多种可供采摘的蔬菜，还搭建了竹屋，种植成片的荷花、向日葵、荞麦，一条悠长的600米蔬菜长廊将人们牵引到田间。凭着致力于种植健康绿色蔬菜的执念，同时认识到品牌是企业发展的灵魂，2008年，他注册了"耘中"牌商标，成立衢州市柯城区云中蔬菜专业合作社，建立商标管理制度，规范品牌运作。

李云中投身农业以来，始终坚持"创一流品牌、争一席市场、富一方百姓"的宗旨，在各级政府和有关部门的大力支持下，紧紧围绕低收入农户增收致富理念，大力发展生态农产品，带领低收入农户进行科技种植，引导农民闯市场，开拓销售渠道，在全体人员共同努力下，合作社由弱到强，从小到大，已成长为集生产、管理、营销、技术、服务及休闲为一体的企业，走出了一条"公司+合作社+基地+低收入农户+市场"合作共赢发展之路。公司现有员工32人，其中技术人员2人，营销人员3人，高级营养师1人；现有固定资产800多万元，流动资产200万元。单位主要由从事种植、销售的农户组成，并聘请了市、区多名专家为技术顾问，保证了有力的技术支撑。

基地建设——企业发展之基础

1. 基本思路：自单位成立以来，示范基地共投入资金500多万元，实施"立体循环农业"发展之路（获2008年柯城区"信用联社"杯创业创新比赛冠军）。种养结合，充分利用废菜叶和动物排泄物，降低生产成本，提高效益。2013年因"五水共治"关停生态猪养殖场，开挖30多亩鱼塘，进行水产养殖，同时开设休闲农庄，推出特色餐饮、采摘、垂钓、自助烧烤等休闲项目吸引外地客人前来参加活动。

2. 创业创新：示范基地每年引进新品种种植，现已成功推出羽衣甘蓝、养心菜、冰草等保健类蔬菜，目前正在用养心菜研制养心茶饮料和养心茶叶。特别是从2010年开始，单位开始研制立体栽培模式，以充分利用空间和光能。经过全体科技人员的努力，于2011年9月获得国家专利。于2012年实施后，获全国休闲农业比赛华东赛区创意奖。合作社示范基地建立了展示区，利用该装置种植蔬菜，产量增加3—4倍，现已成功推出农业园区、阳台蔬菜种植，成为培训教育、科技研发、科技推广基地。

营销建设——企业发展之血液

示范种植面积105亩，订单种植600亩，辐射1000多亩。通过推行"六统一"管理模式，即统一品种、统一种植技术、统一生产投入品采购和使用管理、统一安全检测、统一上市准出、统一建立生产档案，从收购到订单，降低菜农的市场风险。耘中配送部成立于2009年，投资200多万元，建有冷库100多立方米，配备专用配送车7辆，检测设备一套。现配送事业、机关单位食堂30多家，常年往上海、杭州、宁波等一、二线城市调拨蔬菜。2015年实现销售1130多万元，创利80多万元，销售社员产品在90%以上。2012年起，开拓家庭配送，这一新的配送方式逐渐被人们接受。2012年6月，精品蔬菜店华庭店、衢江机关食堂店开张营业。

品牌建设——企业发展之灵魂

注重品牌建设。2008年注册了"耘中"牌商标，建立商标管理制度，规范品牌运作，多次参加省内外农博会、年货节，获2013年衢州市著名商标、2015年浙江省著名商标等荣誉。

链条建设——企业发展之络脉

由一产向三产延伸。基地种植——农产品配送——承包单位食堂，形成一条产业链，自产自供自销，将产供销有机结合，降低运行成本。现配送单位30多家，承包食堂3家。同时将部分蔬菜进行深加工，如黄秋葵干、养心茶叶制作，提高了产品附加值，延长了销售时间。

学习培训——企业发展之持续

法人代表李云中非常重视企业文化建设，他多次参加区、市、省级的各种学习培训，尤其是新型农民培训和新技术新品种培训。每次学习培训

衢州市十佳致富农民李云中积极传授农业科学致富经

回来，都要组织相关人员进行传授。2010年，在其构思与设想下，单位技术人员进行多次试验，于2011年成功研发柱式立体无土栽培装置，该装置于2012年获国家专利。之后李云中充分运用学习培训的知识，利用专利装置种植羽衣甘蓝、养心菜、人参菜、冰草等特种蔬菜，现已推出现代农业园区和家庭阳台蔬菜种植，取得了良好的经济效益和社会效益。

　　企业立足实际，坚持"求精不求大，务实不务虚，创新不袭旧"的自身定位，稳步发展。单位作为柯城区农合联副理事长、柯城区蔬菜产业联合会会长单位，积极配合相关部门工作，发扬优点，克服缺点，将更好地为现代农业发展做贡献。

汪勇成视频访谈

汪 勇 成
军创典范现代农业卫士

汪勇成 · 杭州亮剑农产品专业合作社理事长

　　他是亮剑九州品牌、杭州亮剑农产品专业合作社、亮剑九州集团股份有限公司创始人，高级农产品经纪人、高级农业策划师、高级健康管理师、军事高级特训教官、浙江农民大学优秀学员、浙江省新型职业农民、2017年"匠农杯"十佳智慧农业优秀企业家、2018年明星合作社理事长、亮剑九州超级模特争霸赛创始主席、全球旗袍名媛大赛总指挥、亮剑九州爱心联盟创始主席，亮剑九州夏令营营长。2012年9月他创立了杭州亮剑农产品专业合作社，而今这股小火苗已经燃遍了神州大地，118家分社站点基地分布在全国各个省市。

现代"农人"勇亮剑　道道剑光闪锋芒

在目前经济环境下，就业已经成为一个非常重要的问题。其中对就业最急迫的族群是大学生、返乡农民工、退役军人。而在杭州就有这么一家单位，它的组织结构是80%的退役军人、10%的大学生和10%的农民。它的出现如春雨，滋润干旱的大地；如冬阳，温暖冰冷的世界。它的出现解决了大量退役军人、大学生、农民的就业问题。它就像黑暗中的灯光，为他们指引了创业的方向，让他们对未来不再迷茫。它就是杭州亮剑农产品专业合作社。谈到杭州亮剑农产品专业合作社，那就不得不提合作社的创始人汪勇成。他可谓合作社的"亮剑之魂"，一直用自己的实际行动来感染大家，踏实走好每一步，只为带领全体股东社员做好、做大、做强亮剑合作社。

良心农业亮剑九州　退役后再筑"长城"

汪勇成现在是亮剑九州集团股份有限公司主席兼首席执行官，在商场叱咤风云；过去他是上海武警优秀战士，多次立功受奖。从部队复员后，汪勇成发现，在田间劳作的多是自己的祖辈父辈，传统的农业急需注入新鲜血液。他想到了自己和退役的战友，这是一批素质过硬、责任感强的优秀人群，如果组织起来一定会是一匹可以拖动农业这架大车前进的千里马。这个想法变成了一股燃烧在汪勇成胸腔内的小火苗，2012年9月，亮剑九州集团股份有限公司就此诞生，而今这股小火苗已经燃遍神州大地，118家分社站点基地分布在全国各个省市。

与其他企业不同的是，市场占有率并不是亮剑九州的追求。汪勇成提出要做良心农业，"亮剑九州的核心是良心，就像军人的宗旨是全心全意为人民服务一样，任何时候不能偏离"。他一再强调，亮剑九州最多服务一千万人口，他更希望亮剑九州集团能为品质农业做一个推动，做一个引领，带动更多的企业学习亮剑九州，做良心农业，服务中国人民。"我们只能做马群中的黑马，来带动中国。哪怕是我们自己倒下，也要坚持做良心农业，这就是我们的亮剑精神。"

汪勇成退役多年，虽身居企业高位，但仍不改军人质朴本色。过去他是一名子弟兵，祖国人民是自己的母亲；现在他是一名新型农民，做出来的农产品也一样要有妈妈的味道。无论种植养殖，都要回归自然，要体现原生态的品质。亮剑九州集团并不排斥现代科技，社员中有15%的专家、教授、大学生，集团也有远程监督管理技术。可是在汪勇成看来，科技无论怎样被人所用，集团都要坚持以人为本。亮剑九州集团里面，所有产品，都要先进行小白鼠试验，再由集团内部人员试吃，"我们自己都不吃，怎么能拿去销售？"不但集团成员吃，成员家人也陪着一起吃，"比如苹果，让基地农场主儿子女儿吃"。不是汪总心狠，而是他信心坚定："不放心的东西能让孩子吃吗？"

"过去我们是国防卫士，现在我们是农产品卫士，将来我们是空间的连接者"，从生产基地，直接到老百姓餐桌，不经过中间环节。在汪勇成看来，亮剑九州集团这种以中小规模、集体合作为主的农业经营形式必然是未来的主流，土地从过去的生产公社大锅饭，过渡到承包到户，但未来仍会再次收拢在一起变成集体合作。亮剑九州集团不仅有从生产到市场的外部产业链，还有一套互帮互惠的内部产业链，生产者、消费者、经营者，三者合一。比如苹果加工企业，可以从集团内部进货，而后出售给内部的销售方。如此一来，既可以拿到比外部产业链优惠的内部价，降低中间成本，也可以加快成员间生产要素的流通速度，在解决供求矛盾的同时增加利润。

艰辛创业不言苦 服务他人传温情

杭州亮剑农产品专业合作社注册成立于2012年11月28日，是在浙江省杭州市人民政府、全国退役军人、全国土特产基地农户的关心和支持下，由退役军人、土特产基地农户联合注册成立的一家以整合资源经营农特产品为目的，帮助复转退军人实现创业或就业，帮助农户打开农产品销路的集体企业，汇聚了全国各地生态绿色农特产品。它是一个提供农特产品产、供、销一体化服务的平台，一个风险低、可行性大、能力资源广、可持续性发展的平台，一个打造战友联谊、交流、学习、互助、共进、盈利的创业平台，一个退役军人实现自己人生价值的大舞台。

在创业之初，汪勇成花了大量的精力与时间，在合作社发展的关键时刻，他更是不辞辛苦，日夜撰写了长达340页共3万多字的商业策划书材料，同时发表每日一讲，坚持了一个月在第一线宣讲，让更多的股东社员及潜在股东社员掌握更多的专业知识。虽然几乎是每天深夜、凌晨才休息，但是他从来不说苦，也不说累，更是不提给自己发工资。当有人问他，你自己怎么几年来从不开工资，义务奉献着呢？他笑着说："合作社如果没盈利，绝对不会动工资这个念头。我的目标就是带领全体股东社员共同致富，如果不能为股东社员创造效益，来这里领取工资不愧疚吗？我

军创典范现代农业卫士汪勇成创新探索退役军人三农致富之路

愿意用自己的实际行动来感染大家，来带领全体股东社员做好、做大、做强亮剑合作社。"

汪勇成说："一件衣服最容易破的地方是领子与袖子，因此要成为'领袖'，一定要做好'最破'的吃苦准备，否则不要做'领袖'。身为企业的最高指挥者（领袖），注定要承担最大的压力与使命，后面千万双眼睛注视着，没有退路，只有前进！"

钱　源
扎根大山的"知青二代"

钱源 · 桐庐万强农庄有限公司总经理

　　他是一位来自省城却扎根桐庐农村的"现代知青",他是杭州十佳农村青年兴业带头人、桐庐县十佳创业青年、新龙村荣誉村民。他在万强农庄创立的"适度规模、种养结合、立体循环",以及"一产带动三产,三产为一产服务"高效生态循环农业新模式,在省内外推广,成为农民利用低丘缓坡创业的"宝典"。万强农庄先后获得省、市、县的十佳农业示范园,"浙江省农业科学发展创业创新十佳典范"等荣誉。

万强农庄的"少帅"

作为万强农庄的接班人，钱源无疑是这偌大庄园的"少庄主"，但是这位刚过而立之年的青年沉稳的举止、朴素的言谈却给人们留下了良好的印象。

在农庄外几十里处就驱车相候的钱源，为我们引路直达山顶。一下车，他就领着我们登高远望，环指各方，大致介绍了一番农庄的概况。山顶特别设立的一座奖状陈列室的墙上贴出的展牌记述的还是其父亲钱万强十几年如一日的风雨兼程，但在大厅正中的桌面上所摆放的"浙江省农创客发展联合会理事""杭州十佳农村青年兴业带头人""杭州市青联委员""新龙村荣誉村民"等奖状、证书上的名字，则是钱源。墙上桌前，已然看出事业承接的轨迹被骄人的成绩不容辩驳地佐证着。但钱源却微笑着否认自己对农庄的领导权，在他心里，始终对父亲保留着一份最真挚的敬意。

2009年，原浙江省委领导茅临生到农庄调研时说的一番话给了父子俩灵感："万强农庄那么美，自然资源那么好，应该结合生态农业、高效农业搞'休闲农业'，把产业链进一步延长……"有了这个创新理念，钱源开始着手准备农家乐的建设工程，请教专家，边学边干，自己搞设计，跑采购，组织建设和当监理，从建造房子到修路都是他一手负责，这一建便是3年，直到2011年第一批房屋才正式落成。

蜕变，从走进大山开始

钱源是个"80后"，但他的经历却折射出一种迥异于同龄人的光彩。

如今，连许多农村家庭都不愿下一代继续务农，而从小生长在繁华杭城的钱源，却能够在万籁俱寂的山野里稳住一颗扎根乡土的心，跟随父亲的脚步，走进大山，共享这份创业背后的艰辛与收获。经过岁月磨洗，他已如同一颗光彩熠熠的蚌珠，尽管这条路，他也走得非常辛苦。

钱源坦言，因为父亲钱万强经商有方，家里经济条件比较优越，他从小吃穿都不俗，上学、放学也有父亲开车接送，全家还经常去外地度假游玩，在20世纪90年代，这俨然已是一种"富二代"的生活。但他习以为常的优越生活却随着父亲钱万强决定在桐庐承包荒山后发生了变化。当钱源来到桐庐时，他发现这里完全不是自己所想象的"世外桃源"，而父亲的生活环境简直可以用"艰苦"来形容。最天然的骨肉亲情使钱源决定陪伴父亲。

2003年，他们家陷入了最困难的时期，父亲紧锁的眉头、奔波的身影让钱源看到了生活布下的重重难关。于是平时穿惯了名牌的"少爷"也开始去打折店买衣服，钱源试着用自己的实际行动来帮父亲分担家庭的压力。暑假里，他更是主动到万强农庄帮助父亲打理农活，一步一个脚印地学习，从一个毫无务农经验的城市青年变成了会给果树剪枝，会除草的农活行家，有时甚至为了照顾生产的母猪而夜宿猪棚。这段在农庄里陪伴父亲的经历，成为钱源把大山融入自己生命的第一步。

大学毕业后，钱源更是把时间和精力都投入到协助管理万强农庄的工作上来，不仅全盘接手了万强农庄的管理经营工作，更是把农庄的发展开拓出了新路子，开始实行"一产带动三产，三产为一产服务"的模式。

作为万强农庄的下一任掌舵人，钱源从父亲的肩膀上稳稳地接过了担子，而且他会走得更远、更好。而作为一个儿子，他把心放在家庭和事业之间，寻找到最坚实的平衡点，为父亲擎起一盏回家的灯，也照亮了自己的人生。

未来，在自己脚下

钱源是从城市走进乡村的创业青年，他参与了万强农庄的成立过程，也见证了它在自己努力下的蜕变成果。父亲钱万强是在经历了几十年的创业风雨之后才开始创建万强农庄的，钱源却是以20岁的大好年华打入荒山的，相比父辈，他似乎有着更多的割舍与牺牲，也有着超越同龄人的担当。但面对如今自己的成绩，钱源却直言自己很幸运，农村创业是青年人成长的沃土，投入这方面进行钻研的人不多，因此很容易出人头地。此外，国家还有多方面的政策扶持，例如在一些项目上会提供免税甚至免息贷款。尽管有如此多的优待，现实仍然不如意，大学生下乡就业不够普遍，社会认可度的指向标依然引着大批人流挤进已经拥堵不堪的城市。许多大学生来到万强农庄学习实践技术，却在内外交困的压力下被迫半途而废，钱源很遗憾地坦言这样的现象依旧是社会常态，但他仍然期望能够以自己为例，鼓励更多的年轻人来农村投注梦想。

钱源认为，在农村，学到的一点都不比城里少，在农村生活这些年，他最深的体会就是"知道农民苦，了解农村生活的残酷"。缺乏稳定医疗保障和教育机构的农村现状使农民们为了生活只能劳作不息。每日目触身受，他也领会到了生活的不易，逐渐杜绝了不必要的花费，并理性地面对自己所处的环境。他笑说这么多年，自己最明显的变化可能就是以前爱喝各种碳酸饮料，今日养成了饮茶的习惯。

时间的磨砺，使他从一个富家子弟蜕变成一个从容沉稳的青年企业家。而他也已然在心里把未来的事业与万强农庄联系到了一起，他和这片土地之间有着那样强烈的共鸣，能够在彼此的互需关系中找到最默契的归属感。

杭州十佳农村青年兴业带头人钱源创新发展万强农庄

钱源分享了他的创业心得："农村广阔天地给了我一个更加稳健的梦想，我逐渐明白了父辈知青时代的那句热血澎湃的口号：广阔天地，大有所为！如今，这句话也已经深深地印刻在了我的心上，成为我人生的罗盘，引领着我向未来沉着起航。"

包金亮视频访谈

包金亮

磐安深山里的农民科学家

包金亮·磐安县山之舟生态农业有限公司董事长

他1992年创办食用菌菌种厂，2001年创办食用菌研究所，2010年创办山之舟生态农业有限公司。他现有食用菌集约化栽培基地959亩（其中栽培基地105亩、仙菇养生园404亩、林下食用菌基地450亩），年栽培食用菌300万袋，是磐安规模较大的基地之一。他的产品出口韩国、美国、新西兰等国家。他主持国家星火计划、省级标准化农业等项目12项，牵头制定省地方标准1项、科技成果4项，有16项发明获得专利授权、23篇论

41

文在国家级刊物上发表，所办基地接待参观考察97820人次。他带动1100户农民栽培食用菌2200万袋，产值约1.178亿元。

现代农民，"菇"舞人生

他不是商人，却将"磐安香菇"卖到世界各地，卖到100元一斤的天价。

他不是艺术家，却将普通的食用菌做成"好看、好玩、好吃"的"迷你菇园"，身价倍增。

他不是经济家，却在食用菌行情低迷时，逆市飘红，创造销售新奇迹，得到央视财经频道专访报道。

他不是科学家，却斩获"拔尖人才""优秀科技人才""第一层次培养人才""省级农技骨干""科技特派员"等殊荣，还是"浙江省十大创新技术与模式"的获奖人和16项国家发明专利的发明人。

他不是科研人员，却主持了国家星火计划、省级农业标准化、省级生态循环、市级扶贫、县级重点农业科技等项目。

他就是普通的农民包金亮，27年如一日，在食用菌事业的道路上，孜孜以求，不断进取。他用事实说明，普通农民做好普通事情也能精彩，也能出彩。

改　变

　　包金亮是一个农民，祖辈在山沟里过着"脸朝黄土背朝天，一身汗水一身泥"的生活。小时候，他时刻梦想走出大山，摆脱贫困。然而1992年高中毕业后，他还是回到山里，立志改变家乡贫穷面貌。在父亲的言传身教下，他掌握了食用菌栽培技术，还带动当地农民脱贫致富，也有了敢为人先的胆识。

　　当农民大量种菇时，他开始研发新技术，辗转全国学习取经；当国内市场低迷时，他把产品卖到国外；当香菇滞销时，他研发的"迷你菇园"热卖；当全国推行"乡村振兴"时，他力推产业振兴。《人民日报》《解放日报》等媒体把他称为从"苦力型"向"科技型"转变的青年农民典范。

　　他花了17年时间到全国各地和韩国、日本学习取经，还和省林科院、省农科院合作，为的就是种好菇。

　　然后他用6年时间把菇卖到世界各地，价格卖到了100元/斤，实现了"卖好价"的愿望。

　　2011年3月，《浙江日报》《今日浙江》分别刊登了他的文章——《农村真的没有前途吗》和《农村也有广阔天地》，引起政府的高度重视，引发了返乡创业热潮。

创　新

　　"让更多的人体验种菇的乐趣，把菇的价值发挥到极致"是包金亮的梦想，他将用一生去完成。尽管创业过程坎坷起伏、困难重重，他乐此不疲。通过练内功，"走出去"，他参观考察培训，参加中央电大本科学习；请外援，"请进来"，邀请省林科院、农科院、农林大学的专家指导，终于有了收获：16项发明获得专利授权，发表了23篇论文，主持了12项国家级和省级项目，成为全县首位获得高级农艺师和高级技师技术职称的农民。他被县政府聘为"科技特派员""县食用菌协会副会长""县农民科技协会监事长"，也被评为"拔尖人才""劳动模范""优秀科技人才""优秀乡土人才"等。

他开发的"迷你菇园"获评"浙江省精品果蔬展金奖"，成为央视财经频道食用菌产业逆市飘红的典型案例。

他打造了浙中首家集种质资源收集、观光、采摘、品尝、体验、购物于一体的"森林菇园"，为农旅、林旅融合开辟了一条新路，使"绿水青山"变成"金山银山"。

在省林业厅和县林业局的支持下，包金亮积极探索并总结了"林下菌菇昆虫循环种养技术模式"，资源利用率100%，延长了食用菌产业链，盘活了林地资源，拓宽了林业经济增收途径，带动农民实现了"一亩山万元钱"，是习总书记"两山"理论在磐安地区的生动实践。

在省农业厅和县农业局的支持下，其研发的"食用菌多级循环技术模式"，荣获"浙江省生态循环农业十大创新技术与模式""浙江省生态循环农业推广典型""浙江省农业丰收二等奖"等荣誉。

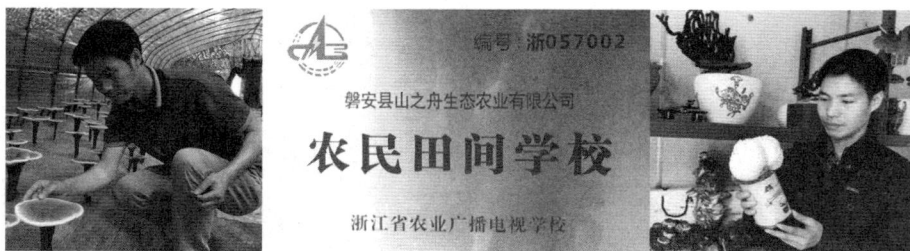

磐安深山里的农民科学家包金亮潜心研究和爱心传授栽培科学技术

　　在省质监局和县市场监督管理局的支持下，他研发的林菌生态循环技术，被列为"浙江省标准化试点项目"。他制定的《林菌生态循环技术规程》获得立项，成为浙江省地方标准。

　　包金亮通过"能看、好学、可用"的先进技术和创新模式的示范带动，通过政府的推动，通过订单的拉动，使更多的农民种植"源于天然、回归自然的原生态林菌产品"，提升了"生态磐安"的知名度，促进了乡村振兴。

卜伟绍视频访谈

卜 伟 绍

"鳖王"是这样"炼"成的

卜伟绍·云和县云河渔业专业合作社联合社理事长

他是高级农技师、浙江省农村科技示范户、丽水市138人才第二层次培养人员、丽水市"精英农师"、丽水市"青春榜样"、丽水市优秀科技工作者、丽水市第四届青联委员、云和县云和师傅技能大师、云和县十大青年创业人才。2007年，他返乡创业，创建了云和县第一家从事龟鳖养殖的农民专业合作社。他的产品曾荣获省渔业博览会优质产品奖、省农博会优质产品奖、云和县名牌产品和县著名商标、丽水市名牌产品和丽水市著名商标等。

高山来了"新知青"

20世纪90年代，中华鳖价格暴跌，大批养殖户黯然退出市场。然而，就在中华鳖"门前冷落鞍马稀"时，卜伟绍不顾家人反对，潜心探索中华鳖的生态养殖技术。

从浙江海洋学院萧山校区淡水水产养殖专业毕业后，卜伟绍一直和甲鱼打交道，先后在多家养鳖场打工，积累了较为丰富的养鳖经验。他对自己的技术和毅力深信不疑，决定返乡创业。

紧水滩镇石浦村位于国家4A级旅游景区云和湖仙宫景区"十里云河"旅游线上。2007年，卜伟绍看中这里的好山好水好空气，租下土地，创建了全县第一家从事龟鳖养殖的农民专业合作社——云和县清江生态龟鳖养殖专业合作社。

四个月后，一座2500平方米的标准养殖温室建成了，卜伟绍放养了12万只小鳖苗。可一年之后，卜伟绍迎来当头一棒！他的中华鳖卖相不好，鲜有人问津。是进，还是退？卜伟绍第二次要为他的人生做出抉择！

其实，卜伟绍早已经不能选择，只有前行。他决定改变传统的养殖方法，摸索出一套既能充分发挥云和生态优势又符合市场要求的养殖技术。通过网络平台，卜伟绍找到了浙江万里学院钱国英教授等水产专家，在其指导下，摸索出国内首创的"三段式"养殖模式。

"三段式"养殖模式，即"温室＋池塘＋水库网箱"的养殖模式，通过第一阶段的稚幼鳖温室培育期、第二阶段的鳖种土池微流水养殖品质优化期和第三阶段的成鳖水库网箱养殖品质精品化调控期的合理配套，形成一套完善的中华鳖生态养殖实用技术，提高中华鳖苗种培育的成活率和产品质量。

接着，卜伟绍又根据云和独特的生态地理环境，对"三段式"养殖模式进行了创新，在海拔一千多米的云和梯田高山山区实施中华鳖"温室＋外塘＋稻田"三段式稻鳖共生流水养殖模式。就这样，卜伟绍带着他的"鳖娃娃"开始"上山下乡"，这些"鳖娃娃"成为高山上的"新知青"。2010年，中华鳖"三段式"养殖模式，被列为浙江省科技厅科技计划项目。经过"上山下乡"的生态鳖价格节节攀升，飙升到了温室鳖的10倍、池塘鳖的5倍。

卜伟绍成为当地小有名气的"鳖王"。

一张特殊的"身份证"

酒香不怕巷子深。但要让人闻到酒香，也不是一件容易的事。

这一点，卜伟绍深有感触。云和是山区，中华鳖的销路受地理位置、物流影响大。由于货运成本大，经销商不愿意来，只能批量卖，价格上还没有优势。

2014年9月，一直从事传统销售的卜伟绍加入"电商"大军，"云河"牌中华鳖店铺在淘宝上线。电子商务低成本、高效率、跨越时空界限的优势马上显露出来。以前，他的鳖只能销往杭州、温州、上海等地，现在卖到了新疆和哈尔滨，全国各省、市、自治区就剩下西藏了。

借助电商的力量，卜伟绍开启了全新的事业。但他一直在思考一个问题：怎么才能让消费者相信我的甲鱼是生态甲鱼？他想到了"溯源系统"，只有通过"溯源系统"才能获得消费者的信任。但是，建立一套溯源系统需要专业的设备和维护人员，这对于一个合作社来说，几乎是"天方夜谭"。

2014年初，丽水市农发公司推出"壹生态"生态精品农业信息化服务系统。该系统面向丽水的涉农企业，包含农产品质量安全追溯平台、电商平台、农村产权交易平台、农业数据中心等。农业从业人员只要登录"壹生态"平台，多数涉农事务就能迎刃而解。

卜伟绍喜出望外，在他看来，"壹生态"平台就是为他量身定制的，有了"溯源系统"，他的甲鱼就有了"身份证"。

接着，丽水市农发公司邀请卜伟绍加入"丽水市生态农业协会"，并很快为他的清江生态龟鳖养殖专业合作社建立了溯源系统，整套溯源系统由农发公司免费维护。这以后，卜伟绍每天早上要做的第一件事，就是登录"壹生态"网站，将自家甲鱼的生长状况、投料情况等实时信息更新到溯源平台。

不久，卜伟绍第一批纳入溯源系统的甲鱼上市了。农发公司为这批甲鱼提供了专用二维码，消费者只要扫描一下，甲鱼的成长过程、检测数据等情况便一目了然。

在卜伟绍创业的关键时期，丽水市农发公司授权他使用区域性公共品牌"丽水山耕"。卜伟绍一次次带着他的甲鱼，去各地参加农业展销会，扩大甲鱼品牌的知名度。2014年，中央电视台财经频道《生财有道》播出了专题节目——《上山下乡的中华鳖》，介绍了他创业创新的事迹，浙江卫视、杭州电视台、丽水电视台、云和电视台、新华社、浙江日报、浙江在线、农村信息报、丽水日报、今日云和等新闻媒体都报道了相关事迹，吸引了许许多多有为青年来参观学习。

这位来自云和湖畔的"鳖王"，成为一名真正的现代农业经纪人。

吹响创业"集结号"

绿水青山就是金山银山。

云和的秀山丽水，为渔业发展提供了广阔的舞台。小小云和县一下子冒出了9家渔业类合作社，主要养殖中华鳖、泥鳅、石蛙、澳洲淡水龙虾、三文鱼、稻田鳖、稻田鲤鱼、田螺、有机鱼等水产品。然而，这些合作社规模小、实力弱、融资难、市场竞争力不强，发展前景不容乐观。

"只有联合起来，才能做大做强！"卜伟绍的这一想法得到云和县科技局、农业局、水利局、供销社、农办等部门的支持。2014年12月，云和县第一家农民专业合作社联合社、丽水市第一家渔业联合社——云河渔业专业合作社联合社宣告成立，卜伟绍任理事长，云和渔业吹响了抱团发展的"集结号"！

云和县玉泉渔业养殖合作社负责人项德林，对联合社充满信心和期待。崇头镇沙铺村是云和县的偏远山村，海拔近1000米，许多村民都下山进城打工，或者到全国各地开发食用菌，村里闲置的农田为水产养殖提供了充裕的空间。项德林看到了这一点，和部分村民开始养殖甲鱼，但一直是"小打小闹"。卜伟绍获悉后，建议项德林采用高山稻田甲鱼养殖的新模式，并为他和村民提供苗种、养殖技术和售后服务，为他们解决技术和

"鳖王"卜伟绍科学探索与实践中华鳖"三段式"养殖模式

销售的后顾之忧。

"高山稻田养甲鱼减少了饵料的投入，实现了无公害低成本的绿色生产。甲鱼还能为稻田疏松土壤，捕捉害虫，生产的大米绿色生态无公害。现在，每亩纯利润超过 1 万元，比过去种 10 亩水稻的收入还要多。"项德林说，有了联合社这个"娘家"，他的合作社计划养殖甲鱼 500 亩，让高山稻田甲鱼名扬四海。

葛雯视频访谈

葛　雯

海归回乡当上养鸡女掌门

葛雯·杭州云彩农业开发有限公司总经理

　　她大学毕业，投身创业成为白领精英；留洋归来，不做白领而去养殖生态土鸡。她曾经有一份年薪30多万元的工作，最大的爱好是去世界各地旅游。2015年底，父亲一声召唤，她回村养鸡，在尝遍了养鸡的酸甜苦辣后，她不仅没有退缩，而且仅仅用了2年时间，把父亲打拼了30多年并已陷入停滞的事业扩大了一倍。她最大的梦想，是希望尽快遇到一些懂农业、爱农村、爱农民的年轻人，共同开创美丽的养殖事业，并带领更多农户一起奔小康。

大学毕业，投身创业成为白领精英

2005 年，葛雯从浙江农林大学国际贸易专业毕业，开始跟朋友一起创业，主要从事电线电缆等产品的国际贸易工作。由于专业对口，再加上葛雯勤奋努力，因此她薪水稳定，工作时间比较自由，空余时间比较多。那时候的她，过着轻松惬意又无忧无虑的生活。从事外贸又热爱旅行的她，经常和朋友们外出旅游，也是业余摄影爱好者。她打过猎，跳过伞，潜过水，还学过游泳，练过瑜伽和古筝。每年，她还有机会来往于国内外，品尝各地美食，游览各处风景。这样的葛雯一度让很多人羡慕不已。

然而，外表柔弱的葛雯却不愿意做金丝雀，她更像一只雄鹰，渴望翱翔在更广阔的天空，去冒险，去更高的天，看更蓝的湖。于是在工作了几年之后，葛雯毅然放弃了令人羡慕的外贸工作，选择前往澳大利亚深造。

"本来我大学毕业的时候，就想着继续出国深造，但是当时家里觉得一个女孩在外面，他们不放心，我就没去。工作后我还是没有放弃这个念头，一直想去看看外面的世界。我总觉得自己生活的天地太小了。"葛雯说。

留洋归来，不做白领却去养殖生态土鸡

2013 年，葛雯回国后，她依旧从事外贸领域的创业，偶尔利用休息时间帮助父母做财务和销售。当时，父母经营的临安市爱咯禽业有限公司已经是 30 多年的大型养鸡场，是临安龙头企业，也有 10 多名员工，但由于父母年纪大了，市场信息获取不及时，养殖和销售的方式都比较传统，主

要依靠线下销售的低端市场，利润相当薄。

葛雯"加盟"之后，用她多年的外贸经验和思维尝试帮助父母开辟网络渠道。在线上市场逐渐打开以后，整个养鸡场开始充满生机。与此同时，父母也开始深刻意识到自己年纪大了、精力不足，面对社会高科技日新月异的发展，自己对现代化知识掌握不足，已经难以更好地让养鸡场持续发展了，急需葛雯回家，女承父业。

没想到，葛雯二话不说，毅然放弃了大城市优越的生活条件回家接班："当初想的无非是一个'孝'字。我父亲那一辈都是实干型的，对现代化信息了解不够，我不愿看着养鸡场走下坡路，所以就回来了。"全身心投入养鸡事业中后，葛雯才感受到外贸工作和养鸡是有多么大的差异：一年365天没有周末，没有休息日，每天都忙着养鸡和卖鸡，处理各种琐事。以前悠闲的日子，从那以后就一去不复返了。

葛雯说："毕竟对于我们这个行业来说，不进则退。"以前家里是蛋鸡养殖为主，平常能有十多万只鸡，多数为低端鸡。原先为半自动化养殖，为了提升养鸡场的机械化管理水平，她专程前往以色列等国家学习考察，引进一系列养鸡机械化设备，尝试使用精准养鸡等一些新技术。2016年，葛雯还与有关科研机构合作，研发出具有自动拾蛋机构的集成式养殖笼和具有自动喂食机构的养殖装置，并申请了相关专利。

创建品牌，云彩土鸡品质保证，供不应求

对于一般的养鸡场来说，每年有几千万的营业额是相当不错的，但是葛雯的理想不仅是大规模机械化养殖商品鸡，更是希望能养殖更多中高端的土鸡。葛雯说道："还记得小时候，把新鲜杀好的鸡放入锅内，只放盐，

开火，静静等待，时辰到了以后开锅，那满室飘香的味道吗？小时候你会说，真香；现在你会说，一定是土鸡。"

葛雯的想法和做法遭到了父亲的担心和强烈反对，由于土鸡散养需要付出巨大的成本，养殖周期长，数量也很少，未来收入遥不可及。但葛雯依然坚持自己的想法，她承包了家附近几个青山绿水环抱的山谷，精心挑选土鸡的品种，开始了土鸡的原生态散养；为了让它们健康成长，除玉米以外，还添加牧草、陈皮等中草药及自家种的蔬菜等作为饲料。

2016年开始，她为自己养殖的土鸡取了个名字——"云彩土鸡"。"云彩"是葛雯朋友们对她的昵称，雯是云彩的意思。养土鸡的地方位于桃源村的一个山谷，葛雯将这个山谷命名为"云彩山谷"。云彩土鸡喝着山谷中的山泉水，吃着虫子和小草，呼吸着负离子含量超高的新鲜空气。它们在山谷里撒野、奔跑，尽情地嬉戏与玩耍，甚至飞上栅栏。这也正是葛雯的初衷，不走传统农业的道路，经营土鸡的散养，让越来越多的人能吃到真正的土鸡。

如今，"云彩土鸡"的名声越来越响，产品供不应求，不少顾客吃过"云彩土鸡"以后表示，再也不愿意买别的鸡吃了。产品好，口口相传的客户自然也就多了，葛雯的目标也不仅仅是国内市场，她开始经常参加一些国际的农业产品推荐会，希望在不久的将来能够让"云彩土鸡"走出国门，飞向世界。

振兴乡村，欢迎大学生投身现代农业

自己的养鸡事业发展了，葛雯也没有忘记乡亲们。目前，葛雯的养鸡场不仅为周边村民提供了十多个就业岗位，还推荐经常买鸡的客户去其他农户经营的草莓园、农家乐、养羊场里采草莓、吃农家菜、挤牛奶。葛雯觉得："板桥镇是一个农业比较有特色的小镇，除了有原生态的土鸡，还可以采草莓、钓溪鱼、挤牛奶、买香榧、吃农家菜，我希望各个产业能团结起来，拧成一股绳，这样不仅可以发展种养殖、休闲农业，还可以发展餐饮、民宿等行业，实现协同共赢，带动当地的农民群众一起致富奔小康。"

上年8月，葛雯被当地群众选举为板桥镇农旅协会的会长。随后，她建了一个工作室，希望通过打造品牌带动镇上的经济发展，不辜负身为会长的责任。她认为，农业并不仅仅是将农产品卖出去，更是引导需要农产品的人走进来，线上销售与线下体验相结合，才能带动板桥镇餐饮、住宿等发展，扩展农产品的附加值，带动板桥镇所有产业更加繁荣昌盛。她希望以养鸡场为平台助力乡村振兴，进一步拓展和带动当地休闲农业、旅游业的发展，带领当地乡亲共同致富。

葛雯表示，虽然自己是农民，但是自己感觉很自豪，希望通过自己的努力，让身边的人看看，农民也可以成为体面的职业，农业也是很有奔头的行业，希望越来越多的大学生能走进农村，找回老味道，大家一起做快乐的农民。

杭州最美返乡女创客葛雯用智慧带领更多农户一起奔小康

陈 志 伟

"云和师傅"百亿产业缔造者

陈志伟·云和县山农黑木耳专业合作社理事长

　　他是"001号"云和师傅、青年星火带头人、云和县十大创业青年、云和县科协副主席、丽水市第八批拔尖人才、云和县金牌大师，现任云和师傅协会副会长。他坚持28年，将种子和技术送到田间地头，实现了从"泥腿子"到"田秀才"，从"卖体力"到"卖技术"，从"个人富"到"全民富"的转变。在"云和师傅"的示范引领下，云和县65%以上的农村劳动力实现转移就业，足迹遍布全国29个省、3786个乡镇，带动中西部地区100多万农民发展产业、脱贫致富。2017年度，云和师傅年创社会经济效益115亿元，缔造了一个朝气蓬勃、活力四射的"百亿产业"。

新时代奋斗者

陈志伟1991年7月毕业于浙江丽水农校经济特产专业后，一直坚持在农村第一线，从事食用菌栽培技术推广28年，使食用菌成为新农村主导产业。科技成果转化高，其中黑木耳形成以刺孔出耳、雾化保湿的全光照代料栽培的新模式，较好地解决了制约南方代料黑木耳发展的出耳不够整齐、耳基大、潮次少、流耳等弊端，引进新模式、新品种、新配方，在生产中关键技术得以突破。丽水市食用菌规模现已形成年产3.5亿袋的规模，产值达10.5亿元，社会、生态和经济效益显著。

技术教头做示范

陈志伟多次到省浙大、农林大、农函大、省农科院等大专院校学习新技术，并及时传授给该县及周边省、市的菇农。香菇、黑木耳是我国种植规模最大和消费最普遍的食用菌品种。云和师傅传授技术给湖北随县菇民，使得如今随县已是我国香菇生产的主产区，产值超过20亿元，促进3万人就业，产品远销全球30多个国家和地区，出口额连续多年位居浙江乃至全国前列，是我国最大的香菇出口基地和区域性菌种生产供应基地。2012年4月，云和县山农黑木耳专业合作社获农业部全国首批"国家级示范性农民专业合作社"；2013年12月"云和师傅"被评为"浙江省著名商标"。合作社连续多年获得项目资助，推广新品种、新技术，传授给本县及周边省、市的菇农，举办培训班累计50多期，培训人数有3000多人，承担国家、省级科技项目6个，参与省农科院"十二五"农业新品种选育协作攻关重点项目，选育新品种2个。2013年2月，合作社编写并发布《云和县标准化菌种场建设规范》《云和黑木耳菌种质量》《云和黑木耳菌种制作技术规程》三个地方标准，创办农业部备案浙江省食用菌一级母种场，并通过ISO9001认证；2014年参与编写《图说香菇栽培》《图说黑木耳栽培》，发放技术资料8000多份。

带领群众共致富

2003—2006年，陈志伟在湖北襄樊市南漳县一个小小的创举——新品种改良，把原"菊花型"改为"单片型"，效益增加25%，增加纯利润1600多万元，这使他成为当地有名的浙江师傅——"云和师傅"。湖北省襄樊市电视台、丽水电视台、浙江台、CCTV7台金土地栏目宣传了"云和陈师傅"事迹。

2007年9月，陈志伟在杭嘉湖地区成功开发的桑枝黑木耳循环利用，实现废料循环变废为宝，推广代料黑木耳、杂交稻轮作3年达2050万袋，产值7000多万元，累计供应菌种1300多万袋，带动劳动力转移5800多名，菌种辐射安徽、湖北、河南、四川、陕西、宁夏等16个省，200多个县，共9000多菇农。在2014年浙江省农业推广基金会在湖州召开的"千斤粮万元钱"经验交流会上，陈志伟做了典型发言。

2010—2013年，在云和师傅陈志伟等的带动下，四川省青川、达州的食药菌全面复苏，代料香菇栽种量达340万袋、食用菌年产量突破380吨，产值逾1500万元，产业发展能力成功恢复到震前水平。

2014年6月，在温州文成县五水共治中，他把"猪场"变"菇场"，技术帮扶传授栽培技术，使农户减少损失200多万元。他给菇民送温暖，带广大菇农致富，深受当地农户欢迎。技术一传十，十传百，传到几个华侨手中，现已传到大洋彼岸非洲巴西、南美洲苏里南。2016年9月CCTV4拍摄《走遍中国》节目，宣传了陈师傅的事迹。

"培育食用菌的投入产出效率高、见效快，是一种很好的扶贫致富渠道。"陈志伟说。陈志伟已经帮扶了低收入农户1800人。2017年，浙江省农业技术推广基金会农技推广平台创立，陈志伟承担了黑木耳栽培指导工作，在他的帮助下，不少有理论缺、实践的大学生和有想法、缺技术的创业者顺利入行，成了食用菌这一云和传统产业后备军。

把论文写在土地上

从"泥腿子"到"田秀才"，从"卖体力"到"卖技术"，从"个人富"到"全民富"，以陈志伟为代表的"云和师傅"像一叶驶向大海的扁舟，担负起时代"弄潮儿"的使命。在"云和师傅"的示范引领下，云和县65%以上的农村劳动力实现转移就业，足迹遍布全国29个省共3786个乡镇，带动中西部地区100多万农民发展产业、脱贫致富。2017年度，云和师傅年创社会经济效益115亿元，缔造了一个朝气蓬勃、活力四射的"百亿产业"。

"我在学历和学术上比不了农学专家，我是把论文写在了土地上。"近些年，陈志伟还担起了传承和创新食用菌产业的责任。他行走于杭嘉湖地区，与桑农联手共同开发的废弃桑枝条培育食用菌技术，让一文不值的废弃桑枝条变废为宝。他参与浙江省食用菌科研团队，从省外引进新品种和技术，正着手制定黑木耳培育的统一标准。"当初上学是想跳出农门，但走南闯北这么多年来，我真正看到了一群'学农、爱农、专农'的人为农民生活带来的巨大变化。"陈志伟说。

2019年4月，陈志伟走出国门，到缅甸进行产业开发，通过打造"蘑菇乐园"帮助当地建设农旅融合项目。"初步计划打造一个以栽培、科普、美食为一体的综合体，让食用菌这种传统产业呈现更加丰富的形态。"陈志伟说，重要的是要带领更多熟练工人走出去，探索一条带农致富的新渠道，从而真正实现"云和师傅走天下。"

"001号"云和师傅陈志伟把论文写在土地上

夏 菊 萍

像鱼一样自由的鱼乐山房

夏菊萍·临安鱼乐山房微茶庄园总经理

　　她是临安十佳巾帼创业之星、临安民宿协会监事、浙江省农民大学"优秀学员"、临安市级"好家风"家庭。她毕业于杭州师范大学，原本是中学英文老师，在2009年毅然决定辞职，随丈夫姜先生一起来到幽静的太子庙村中，共同用双手营造出这一方山宅清墅。他们请来中国美院的老师操刀设计，由做建筑的男主人亲自修建，一点一滴，不疾不徐，先是主楼，再是廊亭……至今，这片远离尘嚣的乐园已完全成形，她热爱学习，积极参加各级各类专业的民宿考察、学习、培训和研讨等。2017年12月，她参加了"民宿头条学院"环球精品民宿学院高研班。2018年1月，她随"中美华茶庄园团"去美国进行茶文化交流。

鱼乐山房：像鱼一样自由

　　从杭州出发一路往黄山而去，沿途青山照眼，清溪周寰，村落杳渺，竹木萧森，风景美不胜收，深具迥异于繁华都市的山林雅趣。起初让人觉得即便随时停下，都可于当时的景中盘桓数日，而行至70多公里处时，景致倒也渐渐看惯，正好又略有些疲乏。恰在此时，一座洁净娟秀的山村出现在路旁，这便是太湖源镇白沙村下辖的太子庙村了。传说这里曾有座祭祀梁朝文豪昭明太子的庙宇，小村便因此而得名。

　　多情的山溪穿村而过，水光明澈，至此突然转了个弯，将半座青山推至人眼前。一带廊亭翘角蓦地探出浓绿的树端，紧接着山坳中青墙黛瓦的建筑群映入人眼帘。正值春末，数株楝树围绕着这宅院，绽放出静美的浓紫色花朵，阵阵暗香留人停驻——好一处古韵悠然的宅院！行至此地，人会一下子忘记繁杂纷扰，忘记紧张压力，不由自主地放松下来，恨不得就此停留隐居在这片山水间，做一条无拘无束的游鱼，自由自在地畅游在溪水之间……

　　巧的是，这明山秀水间，楝花香气里的宅院，就叫作"鱼乐山房"。

　　当年庄子在濠梁之上发出感叹："儵鱼出游从容，是鱼之乐也。"自此开始，人们便将"鱼之乐"视为悠闲自在、不拘外物的生活本真之乐的写照，而将"知鱼乐"视为读懂生活最本质真谛的形象诠释。

　　"鱼乐山房"的主人——姜永水先生、夏菊萍女士夫妇，便是深得

"知鱼乐"之三昧的人。

山房的中心是一座古色古香的四层青砖小楼，这里是客房所在地，拥有30个标准间共约60个床位。室内宽敞明净，各类设施齐全，陈设更是舒适温馨，散发着悠悠雅趣。特别值得一提的是，每间客房都拥有超大观景窗，人们即便足不出户，身居室内，只要不经意地抬头一望，便可坐观山色，卧看日出，将青崖翠谷、云舒云卷尽收眼底。而古意盎然的雕花窗格可谓神来之笔，它犹如一组画框，将窗棂内映出的景物化成了纯粹的国画山水条屏。

这里的客房服务同样贴心周到，山房特意准备了琳琅满目的花草茶饮、中药足浴等养生目录——只有这些最传统的生命智慧，才能洗去现代的"都市病"。

"鱼乐山房"的餐饮区与客房主楼毗连，巧借山坳的地势而建，自然而然营造出檐牙相望、青墙周匝的回环之势——两座玲珑小楼高低俯仰，彼此呼应，逶迤的青砖墙又将二者浑然联系在一起。墙头花树扶疏，芭蕉铺开阔大的碧绿叶片，遮挡炎日，承托雨滴，营造出庭院深深的意境。餐饮楼掩映其间，格局周全，宽敞通透的大厅，小型多媒体会议室，私密清雅的茶艺包间应有尽有。清一色都是古典中国风的装修与陈设，板壁雕窗、白墙格罩，简约素雅中透着超然世外的旷达。

这参差而立的两座小楼，与一座挑空廊亭遥遥相对。这座廊亭正是抵达山房时，人们最先看到的部分，也是这座深宅大院最灵动的一笔。廊内陈设着桌椅，可供人们悠闲地饮茶看山，读书发呆。在这里吹吹山风，闻闻花香，品品"鱼乐山房"的招牌美食，再舒适不过。山房后厨就地取材，选择最新鲜的当季食材，烹制出最地道的山乡佳肴：乌骨鸡煲、竹鸡锅仔、农家猪头排、一品豆腐，临安"三石"……滋味自不待言，更难得的是生机食材中蕴含着的满满元气。

　　因为食材就来自鱼乐山房自家的山头和菜畦：竹篱垣后，青翠的蔬菜正在茁壮成长，肥壮的鸡鸭正在踱步觅食。门外的山溪水中，有活蹦乱跳的鲜鱼，屋后自家的山坡上，有最水灵的竹笋、菌菇、山珍……

　　在鱼乐山房，无所事事地打发时间也好，活力四射地参加各种活动则更佳，因为许多游戏只有在这里才能体验——客房主楼正对着一片开阔的休闲场地，场地一角还画着"跳房子"的格子和拔河的线标，人们在这里可以忘记年龄尽情嬉戏，寻回失落的童年。而到了夜间，则会有热闹的烧烤活动和篝火晚会在此举行。

　　也许这些还不够特别，那就穿过场地，去看数段石栏包围着一泓山泉，野蔷薇低覆其上，落下绯红的花瓣。经过泉池，走过在自己的小木屋门口悠闲打着盹儿的小黄狗身边，便可攀登"鱼乐山房"的后山。坐坐"竹叶滑梯"，或徒步山行、采摘茶叶、挖掘新笋，或到山间溪流中涉水捉鱼、皮划艇漂流，便是"鱼乐山房"独有的私享了。

　　因为主人不急，不急着大兴土木，不急着追名逐利，于是鱼乐山房也不急，静静地伫立在时光与烦嚣之外，悠然出尘。于是客人才有了机会不急：来到这里，让灵魂化作一尾自在的鱼，掉尾遨游，相忘于江湖。

　　这种"不急"的态度，不正是这个时代最难得的一种"奢侈"吗？

临安十佳巾帼创业之星夏菊萍用爱打造像鱼一样自由的鱼乐山房

王瑭金视频访谈

王 瑭 金

带领乡亲一起致富的返乡青年

王瑭金·松阳双童积雪休闲庄园董事长

他17岁就外出打拼，先后从事过家具零售、厂区管理、土地开发等工作。经过近二十年的打拼，他拥有了房子、车子，并积累了近600万元资金。在城市待久了，他愈发思念家乡，思念自己儿时生长的小村庄。7年前他回到村里，当看到没人居住的老房子渐渐坍塌，世代耕作的田地日趋荒芜，心中有种说不出的滋味。他在心里暗暗思忖，要把旧山村变成人人向往的生活乐园。他投入毕生积蓄，浇筑了一条从山脚到山顶的长达17公里的水泥路，在冷水坑村原址上建造了32幢森林木屋，在各个山头修建了观光走廊、露营平台……

返乡助力家乡振兴

冬日的清晨，户外的草木上还披着霜，水南街道清路村的村民王瑭金便穿上解放鞋朝着冷水坑自然村走去了。眼前这个穿着朴素的中年人就是占地2800余亩的双童积雪休闲农庄的主人。

在村里，王瑭金是村民们眼中的能人，人们亲切地称呼他"王哥"。据了解，2017年，累计约100万元资金从王瑭金手里流进了清路村村民的腰包里。

一开始，清路村约三分之一的村民为低收入人群，加之1998年冷水坑自然村下山脱贫，全村14户低收入人口全部搬迁于此，让本不算富裕的清路村雪上加霜。王瑭金便是从冷水坑"下山"的"新清路人"之一。

穷则思变，生活的苦难迫使17岁的王瑭金前往温州、杭州等地闯荡，"先后从事过家具零售、厂区管理、土地开发等工作"。王瑭金坦言，终于，经过近二十年的打拼，渐渐地，自己也拥有了房子、车子，并积累了近600万元资金。"在城市待久了，愈发思念家乡，思念自己儿时生长的小村庄。"

"虽然离家近二十载，但我的根始终在这里。"王瑭金祖祖辈辈生活在清路村下面的一个自然村——冷水坑，这个只有42口人的小村庄位于半山腰，通往外界也只有一条半米宽的机耕路。"回家太远太不方便了，我从小上学就寄宿在亲戚家。"2009年冷水坑村整村下山脱贫，王瑭金的这种思乡情越发强烈。他说，当看到没人居住的老房子渐渐坍塌，世代耕作的田地日趋荒芜，心中有种说不出的滋味。那时，他在心里暗暗思忖，要把旧山村变成人人向往的生活乐园。

构筑共同致富"庄园梦"

这位20世纪70年代出生的中年人，要在这里谋划一幅乡村振兴图，构筑属于他的"庄园梦"。说干就干，王瑭金召集村民们一起行动起来。万事开头难，不料村民们思想保守，怕担风险，大多对其致富之路抱着怀疑和观望的态度。王瑭金就先行先试，为了规避不可预见的风险，弥补村民拿不出钱投资的短板，他尝试采取村民生产要素入股＋分红的模式，双童积雪农庄前期建设全部投入都出自王瑭金的腰包。

在农庄建设流转土地过程中，100余户村民均获得了客观的土地流转费，按每亩60元计算，少则几千，多则几万。加之，农庄建设过程中，王瑭金优先雇用贫困户的做法也受到了村民们的普遍认可。就这样，尝到甜头的村民们逐渐打消了心中的疑虑，纷纷加入农庄建设，成了王瑭金农庄建设的长期雇工。

人多力量大，很快400亩茶叶、453亩香榧、350多亩油茶成了王瑭金农庄亮眼的风景，金桂、中华寿桃、金丝楠木等特色苗木也相继植入农庄。

如今，村后荒山成了梯田，生产道路通了，茶叶已有产值，油茶、香榧即将挂果。"干一天有120块钱，比我们自己种地强多了。"负责庄园日常管护的村民王家树说。

为了让村民们的致富路走得更稳，王瑭金通过各种途径的学习，不断改进香榧、油茶种植管理技术，一心打造真正的绿色有机农产品。他聘请专业技术人员，从一棵好苗、一筐好农家肥、一桶好水、一块好地着手，全程进行技术指导和管理，配套产品溯源体系，打造纯绿色高端农产品。

为了让村民们的致富路走得更长久，王瑭金谋划在农庄里增添休闲观光旅游设施，将农庄发展成为康养、体养为一体的休闲庄园，最终形成农旅产业，支撑村民的就业和增收。

"自庄园开建以来，平均每年每户劳务收入增加2万元，"清路村主任介绍，"2017年，村民增收总额约百万元"。

"看到乡亲们跟着我一起富起来，自己心里才能踏实"，王瑭金说，"当下正忙着落实实体农产品体验点和网络零售店，让农产品多个销售途径，让乡亲们多个就业机会"。

经过近几年的发展，王瑭金的"庄园梦"愈加清晰：浇筑了一条从山脚到山顶的长达17公里的水泥路，在冷水坑村原址上建造了32幢森林木屋，在各个山头修建了观光走廊、露营平台……但此时，原始的600万元资金还远远不够。为此，王瑭金还卖掉了温州的房子，把工艺品厂的经营收入和银行贷款共计2000万元都投到了这片荒山里。绿水青山就是金山银山。王瑭金用行动唤醒了沉睡的山林，振兴了落败的山村，同时也给附近百姓增加了收入。傍晚时分，站在山林的制高点——海拔600余米的白峰

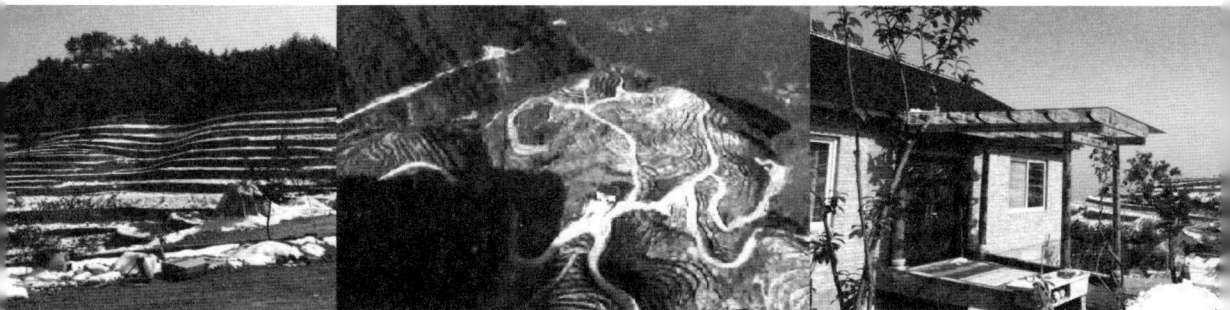

返乡致富领头羊王瑭金带领乡亲构建松阳双童积雪模式

尖，远处松阴溪缓缓流淌，近处千亩山林尽收眼底。夕阳给它们镀上了一层金黄，也镀亮了王瑭金心中的"庄园梦"。他深信，只要一年后庄园雏形初现，这里蓝蓝的天、清清的水、甜甜的空气，必然会引来一批又一批长住的都市人，乡亲们也一定能在青山绿水间掘到属于自己的金山银山。

吴呈勇

探索树上结"黄金"的新农人

吴呈勇·温州雁圣源铁皮石斛有限公司董事长

　　十多年前他是一名人民教师，为了铁皮石斛农业梦想，他下海创业。他是温州市劳动模范、温州市最美创业大学生、乐清市十三届政协委员、浙江省青年联合会第十一届委员、浙江省"农村青年致富带头人"。他是现代优秀的农村青年代表，他的产品品牌被评为全国百佳农产品品牌、义乌森林博览会金奖，并得到中央电视台和地方媒体诸多专访。他扎根山区、务实创新。十多年来，他一直从事铁皮石斛产业，首创铁皮石斛林下

71

种植技术，不断开发出铁皮石斛新产品，带领当地农民共同致富，为社会主义新农村建设做出了积极的贡献。2018年他随同时任浙江省委书记的车俊出访非洲。

树上结"黄金"

铁皮石斛自古以来是雁荡山的名贵药材。2008年，为使珍稀濒危的人间仙草得到有效保护，使它们能够有效繁衍，让更多人能享用到纯正的铁皮石斛，深受祖辈采集仙草影响的吴呈勇毅然承包山林开始种植石斛，成为全国铁皮石斛行业最早尝试林下种植的第一人。

吴呈勇此番创新，极大地提升了铁皮石斛的品质。如浸出物指标药典规定为6.5，而其公司林下种植的铁皮石斛的浸出物指标超过14；再如多糖含量药典规定为25，而其公司林下种植的多糖含量达53.6。

阳光透过丛林射向杉树，树枝上的铁皮石斛晶莹剔透，特别惹人喜爱。铁皮石斛从深山引入大棚，又从大棚回归深山，经过三四年发展，乐清铁皮石斛种植模式开始从大棚向林下延伸。林下种植模式进一步提升了铁皮石斛的含金量，使之逐渐成为名副其实的"树上黄金"。

温州雁圣源铁皮石斛有限公司位于雁荡山方洞景区的入口处，沿着山路前行，周边漫山树林。不过，与其他树林不同之处在于，这片树林的树枝上生长着长短不一的铁皮石斛。该公司负责人吴呈勇拧开水龙头，安装在空中的喷淋器自动浇灌树上的铁皮石斛。2008年，吴呈勇承包10亩山林种植铁皮石斛，这是乐清市乃至全国铁皮石斛行业最早初具规模的林下种植方式。到2015年，基地已从早期的10亩扩张到110亩的连片发展规模。

"树林里能利用的树木都被最大限度开发出来了。"吴呈勇望着成片的树林介绍，红豆杉、松树、杨梅树、柏树、杉树等树木身上都种满铁皮石斛，一棵粗壮的树木上可以种十几圈，小树身上也有七八圈，亩产80公斤，市场售价近30万元。

吴呈勇介绍，林下铁皮石斛产量不足大棚一半，但性价比远高于产自大棚的铁皮石斛。5年来，吴呈勇的铁皮石斛在业内小有名气，由于质量有保障，他在与顾客的沟通中掌握了不少话语权。

枯崖变宝盆

吴呈勇认真宣传贯彻党和国家有关方针、政策，积极探索"三位一体""铁皮石斛＋互联网"的新型农业合作经济模式，为传统农业插上翅膀，帮助会员开拓国内外市场，为农户发展打开一扇新的大门，切实解决农产品的出路难题，努力提高农户增产增收。

与吴呈勇行走在仙溪镇东加岙村的崎岖山路上，依稀可见他黑发里掺杂的白发。乐清市东亚石斛开发有限公司负责人吴呈勇跟铁皮石斛打了一辈子交道，每天都在研究铁皮石斛，探寻发展思路。

吴呈勇在东加岙村山坡上开发了60亩山林来种植铁皮石斛，除了将铁皮石斛种植在树枝上，他还把铁皮石斛种在山崖上。一片片光秃秃的枯崖经过铁皮石斛的点缀，显得绿意盎然。一块毫无价值的山崖，种上铁皮石斛后，荒山开辟成了宝盆。

在吴呈勇仙溪和外省的基地，铁皮石斛都种在大棚里。2014年初他改变投资方向，投资200多万元，将企业重心向林下发展，2015年他还将林下规模扩张了200亩。

林下新模式

野生铁皮石斛生长在深山，这几年经过培育，大棚种植开始普及。如今，乐清市一些种植户开始尝试林下种植新模式，把铁皮石斛重新种在深山中。

乐清市是铁皮石斛的传统产区，是人工栽培与产品初加工规模最大的基地之一，2014年人工栽培面积达7000亩，实现产值15亿元。5年来，铁皮石斛行业进入快速发展期，林下种植开始崭露头角，从最初的10余亩逐渐发展到1000亩。

不过，随着铁皮石斛产地的扩张和品质的发展，市场上铁皮石斛产品参差不齐，给传统市场造成很大冲击。随着消费者对铁皮石斛的认知度增加，其神秘面纱逐渐退却，市场竞争日趋激烈。尤其在2014年，云南和广西市场的铁皮石斛产量增多，给江浙市场带来冲击。而网络化又导致市场价格透明，铁皮石斛行业高回报率开始趋缓。

综合外部因素，乐清市不少种植户出现危机感。而林下铁皮石斛的价格优势，让种植户开始试水种植。浙江农林大学教授施金平表示，乐清市位于浙江省东南沿海经济发达区，多山地，少平原，可用于铁皮石斛种植的连片土地已经成为稀缺资源，林下种植模式能弥补地域短板。此外，林下种植的铁皮石斛品质优良，受到消费者的肯定，预计5年后种植面积将增到上万亩，而大棚种植的数量会逐年递减。

吴呈勇非常重视"产学研"相结合，在主要传统产品等的基础上，主动与浙江农林大学等高等院校建立合作交流机制，并与知名企业合作，不断推出铁皮石斛深加工产品，开拓了铁皮石斛销售新天地，极大地提升了产品附加值。

浙江省劳动模范吴呈勇探索树上结 "黄金"，带乡亲同致富

　　吴呈勇身为一位普通农民的孩子，深爱着家乡，深爱着雁荡山铁皮石斛，用一腔热血为乐清市的农业经济服务。他与时俱进，锐意创新，走出一条"高效生态、绿色农业、机制创新"的现代农业发展道路，努力打造温州农业的金名片，为建设美丽小镇，早日建成小康社会做出自己应有的贡献。

林东东视频访谈

林 东 东

海归再造"忘不了"品牌

林东东 · 浙江忘不了柑橘专业合作社理事长

　　他是浙商"海归",系现代农业领头羊、浙江省农村青年致富带头人标兵、浙江省第十四次团代会代表、台州市柑橘产业协会秘书长、台州市农产品经纪人协会副会长、临海市农民合作经济组织联合会副会长、临海市电子商务协会副会长和临海市涌泉镇电子商务协会会长。他曾就读于浙江经贸职业技术学院、英国赫特福德大学,回国后助力父辈一起再造"忘不了"品牌。2016年5月,他被共青团台州市委授予"台州市2015年度优秀团员"称号；2016年1月，他被临海市青年企业家协会授予"2015年度临海市青年企业家协会最杰出会员"荣誉；中央电视台CCTV7《致富经》栏目曾专题报道他的个人事迹。

质疑声中获肯定，带领二次创业

在英国留学的林东东决定回国做一个农民，帮助父辈一起发展农业。回国之后，林东东主攻的一件事，就是建议把"忘不了"的橘子拿到网上销售。这个想法遭到合作社老一辈们的否决，林东东通过列举褚时健的"褚橙"等相关生鲜电商的成功例子，搜集电商发展现状与未来趋势，一再游说，加上当时适逢国家出台"八项规定"，老一辈们才决定"试一试"。更有理事的家眷们主动向他学习如何网购，渐渐地他有了话语权。

除了与本来、天天果园、善融商务等平台合作联盟，他还自建天猫旗舰店、企业淘宝店铺、微商城等互联网直营店，运用微信公众号、短信群发、微博、直通车、朋友圈等推广渠道进行活动策划、粉丝互动，以会员积分形式拉近了与橘友们的距离。"柑橘＋互联网"的推广让他每天增加了3万多元收入，相当于一天在网上卖掉约300箱橘子的销售额。忘不了的众多销售员也只需要将微商城的链接分享到朋友圈，有交易就能拿到业绩提成。而农产品的种植、采收、营销图文制作、订单处理、物流配送和客服接待等工作，一律都不需要销售员来花费心思，全由团队统一运作。

多元化运营，管理更为现代化

虽然电商带来了一定的经济效益，但林东东最为关注的还是产品的品质、合作社未来的可持续发展。在他1100亩的橘园里，产品多样，品类繁多。现种植有橘、柑、杂柑等5个优良品种，橘友们可在春、夏、秋、冬4个季节品尝到不同口感的柑橘类产品。他还在橘园套种西瓜，在橘墩下散养鸡，更推出土鸡蛋、橘花蜜、橘花茶等原生态衍生农产品，代销橘子罐头、杨梅罐头等水果深加工产品，有力地促进了涌泉柑橘产业化融合发展。

生产经营中，他制订了严格的质量管理机制，通过发放《柑橘生产技术规程》《柑橘安全优质生产模式图》《质量技术标准》等指导文件，贯彻落实GAP管理，实现了科学化指导、标准化生产、精品化产出。林东东聘请中柑所、省柑所、市特产推广总站等平台的高级农艺师、高级农民技师和土专家15人为常年技术顾问，深入田间地头现场教学。他投资100多万元建设了1000平方米的智能温室栽培大棚，创建成集信息化、精准化、智能化和机械化运作的柑橘高科技示范基地，还投入了气象信息采集系统2套、肥水药一体化（一根皮管覆盖全园）、山地轨道运输3条、远程控制等轻简作业系统，降低劳动用工4工/亩，节约肥料125元/亩，促进每亩增收2100元。他把"专注柑橘、持续创新"的经营理念切切实实落实到生产中去。通过模拟柑橘最优环境下的生长模式，利用手机实时对基地进行灾害智能预警防范、温湿度智能控制、精准肥水管理、远程农田监控，让原本11月份成熟的柑橘提前至7月份上市。在试验了2年后，2017年智能温室栽培取得突破性进展，精品果率提高了30%，在柑橘空档期卖10元/个，产品独树一帜，使得这项柑橘温室栽培技术处于国内先进水平。

互联合作，产业融合化发展

林东东于2015年牵头建立了"忘不了"农村电子商务服务平台，为周边网商提供照片拍摄、帮扶指导等服务，直接带动应届大学生就业5人，吸引纸箱厂、设计等机构组织入驻"忘不了"，为周边小型电商创业者提供个性化定制服务。

渐渐地，原成立的"忘不了"电商服务平台慢慢发展成为涌泉镇电子商务协会服务主阵地，林东东被推选为协会会长。会员从最初的56人发展为202人，协会成立4个月，开展了3期培训，计培训185人次。通过抱团物流谈判、共用美工资源，为周边从事"互联网＋柑橘"的青年，年缩减近150万元运营费用，直接带动202个青年网商，辐射带动涌泉镇400余家网店共2378位电商创业者，为其提供结对帮扶、美工设计、运营推广、培训指导、仓储物流等一条龙服务，帮助电商运营者降低运营成本，提高涌泉镇电商整体竞争力。

2016年3月，协会拍摄的《电商"智"汇》微电影在国家互联网信息办公室网络社会工作局首届"梦想·互联"微党课创作评选活动中荣获三等奖，取景地大部分来自"忘不了"电商部门、活动中心和基地。

作为全国农民专业合作社示范社、全国绿色食品示范企业的领导者，林东东提出"让橘友们持续食用最少103年"，这是品牌战略性目标，也是"忘不了"对橘友们提出产品"质"的保证。品牌将带领涌泉蜜橘生生不息，涌泉人民幸福增收，为建设一个极具特色的甜蜜橘子小镇而不懈努力。

"心系三农"，"传帮带"农村青年

林东东"心系三农"，"传帮带"农村青年，辐射带动200多位青年返乡创业，因而牵头组建了临海市涌泉镇电商协会，这是临海市成立的首家镇级电商协会，他被推选为会长。他每年组织协会开展至少4期电商培训，满足了涌泉镇400余家网店2300余名电商创业者渴望学习电商知识的需求，通过抱团谈判，帮助成员单位每年减少近150万元物流成本。优化服务组织架构，建立起公司主营市场销售，合作社服务农户、统一采购物资、技术指导、分级品牌包装，基地开展种植技术指导、品种示范推广，农户则负责专心生产的"公司＋合作社＋基地＋农户"产业化经营模式，提取可分配盈余的60%用于年底二次分红的利益联结制，直接带动143户农户享受红利。

浙商"海归"系现代农业领头羊 林东东再造蜜橘"忘不了"品牌

应 启 敏

做农民脱贫致富的领路人

应启敏·浙江永丰鲜果专业合作社理事长

他是全国农村青年致富带头人、全国科普带头人、台州市优秀共产党员、台州市供销社联合社理事会理事、台州市高级农民技师协会副会长、临海市第十三届政协委员、临海市柑橘产业协会副会长、临海市杨梅产业协会副会长、临海市农产品营销协会副会长、临海市农产品经纪人协会副会长。他于2003年创办的永丰鲜果专业合作社，先后被评为全国供销总社"千品千社专业合作社"、浙江省农业科技企业、浙江省示范性农民专业合

作社、台州市规范化农民专业合作社等。他带动社员建设水果基地 20000
多亩，辐射农户 1000 多户，合作社实现经营收入 5000 多万元，"正凤"商
标被评为浙江省著名商标，"正凤"鲜果被评为浙江名牌产品、浙江农博
会和浙江义乌（国际）森博会金奖。他通过在浙江经贸职业技术学院学习
电子商务知识，把数百万元的鲜果通过互联网卖到了俄罗斯。

应启敏的父亲是毕业于台州农校果树专业的农技干部，受父亲专业的
影响，20 世纪 90 年代初，应启敏离开校门就从事水果种植。经过多年的学
习探索，他积累了丰富的水果种植经验，发现当地的水果品种单一、技术
落后，水果品质差，经济效益低。他认识到只有改变这种小农经济的生产
方式，建立起规模化的合作经济组织，永丰水果产业才能得以提升。为
此，他始终扎根在农业生产第一线，为了农民能脱贫致富，甘愿用汗水热
撒沃土。

传授技术，共同致富

应启敏青年时就乐于助人，村民们碰到水果生产技术方面的难题都喜
欢向他请教。为了更好地普及水果栽培技术，应启敏在合作社的基础上组
建了永丰镇水果专业协会，广泛吸收农户参加，经常邀请各级业务机关和
科研单位的专家讲学，带领社员进行技术交流，有效地提高了社员的技术
素质。应启敏还经常到社员的基地进行现场指导，帮助农民解决生产技术
上碰到的实际问题。例如社员洪昌达家的橘树出现了严重的缺硼、缺镁综
合症，造成橘果外观差、品质低劣，他发现这种情况后，立即与专家一起
对该户柑橘技术上存在的问题进行论证，并及时、有效地解决了问题，使

其种植的柑橘品质比上年大幅度提高，当年水果种植年收入，由上一年度的 15000 元提高到 21000 元，增收 6000 元。为了更好地服务社员，应启敏同志参加了临海广播电视大学的园艺技术专业学习，极大地丰富了自己的水果栽培科技知识，使自己原本掌握的实际经验上升到更高的层次，在服务社员的过程中发挥了更大的作用。

引进品种，产业创新

合作社组建几年来，通过与各地科研部门及有关专家的信息交流和科技合作，根据永丰当地的气候环境和栽培历史，引进了许多特色小水果新品种，如特早熟油桃曙光一号、樱桃新品种黑珍珠、柑橘特早熟品种山川三号、枇杷新品种大五星、白荔枝等。通过科技人员的精心培育，特早熟油桃曙光一号在沿溪基地表现良好，已成为当地农民致富的当家品种，现有面积 300 多亩，为每户农户年增收 2000 多元。新品种的引种驯化成功，替代了一些产量低、品质差的传统品种，逐步实现了产业结构的调整。农民根据市场需求生产了高品质的产品，收入进一步提高。应启敏同志在水果栽培技术推广方面取得了较大的业绩，受到各级政府的肯定，2003 年荣获台州市"星火科技带头人"称号，2004 年荣获"全国农村青年致富带头人标兵"称号，2006 年被国家林业局、国家文明办评为绿色小康示范户，2010 年被中国科协评为科普带头人。

技术攻关，拓展商路

经过几年的发展，合作社规模进一步扩大，2009年新建了水果加工保鲜贮运中心，引进了大型柑橘分选机，大大提高了柑橘商品化处理程度，建立起较为宽广的水果销售网络。在广泛占领国内市场的同时，将销售渠道拓宽到了加拿大、俄罗斯、乌兹别克斯坦、吉尔吉斯斯坦等国，形成了杨梅、脐橙、柑橘三大特色产业。杨梅在永丰具有鲜明的地方特色，但由于不耐贮运，经营受到严重的制约。应启敏根据自己掌握的知识，经过多年的反复研究，取得了有关杨梅保鲜包装的三项实用技术专利，并成功地应用在生产经营上，使原来只能在当地及近距离销售的杨梅得以销往较远市场，甚至出口到加拿大、西班牙等国家。

提高质量，宣传品牌

为了树立"正凤"牌水果形象，提高水果品质，提高社员收入，根据国家无公害农产品、绿色食品标准的要求，结合本社实际，应启敏亲自编写了柑橘、杨梅、脐橙生产技术操作规程。为确保农产品质量安全，他带头认真执行《中华人民共和国农业部行业标准》，制定了以质量为中心的岗位责任制，建立了基地管理办法、田间管理记录档案、全面质量管理手册等一系列管理制度，严格监控生产过程的质量，提高社员的科学种植水平，使基地优质果品率大大提高。几年来，应启敏积极参加各级政府举办的农博会和产品评优活动，产品先后荣获中国温州特色农产品博览会金奖、浙江省农博会金奖、中国义乌国际森博会金奖、柑橘吉尼斯擂台赛三

全国农村青年致富带头人应启敏带领乡亲把"正凤"远销海外，实现脱贫致富

等奖等，"正凤"商标被评为浙江省著名商标，"正凤"牌脐橙被评为浙江名牌产品，"正凤"牌柑橘被评为浙江名牌农产品。为确保产品质量，应启敏根据绿色食品的质量要求，在合作社实行标准化生产管理，广泛使用现代病虫害防治技术，如使用频振式杀虫灯、放养捕食螨等，有效杜绝了高毒高残留农药的使用。目前，合作社的柑橘、脐橙、杨梅先后得到绿色食品认证。合作社"正凤"品牌入选2012年度全国供销合作社"百佳标准化农产品品牌"。

经过数年的努力，在应启敏的带领下，合作社先后被评为临海市十佳农民专业合作社、浙江省优秀示范性农民专业合作社、全国农民专业合作社示范社、全国50佳农民专业合作社；应启敏个人先后荣获台州市先进共产党员、台州市劳模、全国农村青年致富带头人、全国科普带头人、高级农艺师等称号。目前，浙江永丰鲜果专业合作社作为"括苍山现代农业示范区"项目承担单位之一，正在大力建设临海市永丰柑橘精品园，引进新一代早熟柑橘优良品种，实行营养钵脱毒苗栽培，以建设蓄水池及配套滴灌设施为主要内容的柑橘现代栽培技术将得以示范推广。浙江农民大学的教育给了应启敏更大的活力和动力，他正满怀信心地带领社员们走在科技致富的道路上。

童 训 权

拯救百年花猪的保种新农人

童训权 · 淳安花猪省级保种场场长

　　10多年来，他为了百年淳安花猪"保种"进行保卫战。在没有人支持的情况下，他把他老婆拖上"贼船"。他乐观向上，如果让他再次选择终身事业，他还会再选农业，因为他知道真正的农业是要靠一代一代人来创造的。他说："我们淳安百年花猪是大家的淳安花猪，是淳安人的淳安花猪，一旦没有了淳安花猪，下一辈人就会骂我们这一辈人。"他将保卫百年淳安花猪作为自己的使命，坚定地表示只要淳安花猪省级保种场能办下去，他就不会让淳安花猪灭绝！

百年花猪保卫战

淳安花猪是属国家级138个品种中的皖浙花猪之一，是浙江省16个地方良种猪之一，是杭州地区唯一的地方猪品种。1983年，全县存栏花猪母猪达8319头，2006年骤减至不到50头，濒临绝种。同年，童训权担任淳安花猪省级保种场场长，开始了长达10多年的"保种"保卫战。

在视频采访的过程中，当童训权被问到对于他将保护花猪作为终身事业这件事情，家人和朋友是否支持的时候，他笑着说道："开始是没人支持，后来我老婆被我拖上'贼船'，就没办法不支持，这就叫夫唱妇随。我这个人还比较乐观，如果让我再选择一次终身事业，我还会再选农业，因为真正的农业，是要靠一代一代人来创造的。我们淳安百年花猪是大家的淳安花猪，是淳安人的淳安花猪。一旦没有淳安花猪，下辈人就会骂我们这一辈人。"是啊，真正的农业是要靠一代一代人来传承的！淳安花猪是大家的！一旦没有淳安花猪，后辈就会骂我们这一辈人！

因为一直从事畜牧方面的工作，他一直跟畜牧打交道。据他介绍，淳安县2006年搞了最后一次普查，淳安还有3600多头淳安花猪（包括公猪及母猪），但是2007年的时候数量急剧下降，所以就紧急采取了保护措施。但是保护这个猪有一个问题，就是不能出现近亲交配育种，近亲配种以后这个品种会被淘汰掉。那时他们有15头公猪，现在他们有将近200头母猪。他表示只要保种场能办下去，他就不会让淳安花猪灭绝！

"保种"式精准扶贫

童训权创立了"淳源"品牌，这个品牌的含义是遇见淳安花猪的"育种源泉"。为什么取这个品牌名呢？因为童训权一直有一个"保种"式精准扶贫的理念。在淳安有好多贫困人口，这些贫困人口大部分是因生病而贫穷，这种情况导致一家子都走不出去，而且需要救济才可以生活。童训权提出建设，给他们三五头淳安花猪养一下，保种场出一部分资金，政府扶贫资金扶持一部分，保种场把猪仔免费给这些贫困户。童训权他们组织三五人的技术团队，对这些贫困户经常扶持，这样贫困户一年养 3 头猪就可以得到 15000 元了。因为淳安花猪是杂食的，它就像牛一样，什么东西都吃，不用吃得很精细，所以这个猪好养，且长肉长得慢，长得慢猪肉就比较细嫩。

实现粪便"零排放"

茅山养猪场是淳安县特有猪品种——淳安花猪的保种场，一直以来，该养猪场积极探索农牧结合的生态循环发展模式，按照生态规模养殖场建设要求和"一场一策、确保效果"的治理原则，推广雨水、粪尿、污水"三分离"技术，对排泄物进行无害化处理，实现资源化利用。茅山淳安花猪种业有限公司在原淳安县汾口茅山养猪场、淳安花猪保种场的基础上再次投资 360 余万元，又启动了标准养猪场扩建项目的建设，着力打造品种保护与开发利用的双赢局面。

粪便干湿分离，采用漏粪地板，人工收集后，集中储放在储粪池里，经过透明玻璃瓦利用太阳能发酵后做成有机肥，每栋猪舍的污水进入沉淀池然后再进入沼气池生产沼气，定期由管网或沼液车输向粮食功能区、蔬菜基地或有机肥加工企业，从而实现粪便"零排放"。童训权说："保种场猪粪变废为宝了，养殖场再也不会臭气熏天、粪便横流了。"

"我们新扩建标准化猪舍6000平方米，新建水塔20立方米，建设400立方米的配套三格式污水处理池、432立方米的储粪池等无害化处理设施。目前，该项目已完成总体建设的80%。项目建成后，年出栏生猪在原有的基础上可以达到5000头，每天将产生猪粪1000多吨。"童训权说道。

像茅山养猪场这种以循环经济为理念，构建农牧结合"畜禽—肥料—作物""畜禽—沼气—作物"的生态循环模式，充分利用沼气和沼液、沼渣还田，使畜禽粪便变废为宝，不仅解决了畜禽养殖治污问题，又节省了种植业的化肥使用量，提高了土壤肥力，使农作物的产量、质量得到极大提升，有效地实现了生态环境的良性循环，促进了农业增效、农民增收和农村生态环境的改善，推进了我县养猪场的生态化和标准化发展。

好山好水养好猪

淳安花猪被誉为猪肉界的爱马仕，具有典型的"六白"特征：头上一簇白毛心，四只脚是白的，尾巴的尾部是白的。另外，它身上的毛色一种叫乌云盖雪——背上全都是乌的；一种叫小散花——身上布点小彩花；还有一种叫花过背——背上有个银项圈，一块是白的，其他都是黑的。花猪身上其他地方的毛色都会改变，但是这六个白是百变不离其宗的。

淳安花猪饲养方式历来以农副产品饲喂为主，如统糠、麦麸、萝卜和番薯、野菜及牧草等。淳安花猪肉以色鲜、汁多、味香、质嫩而出名，是现代人康养的优质食材。其优良肉质特性主要表现在——肉色鲜红、失水率低、肌肉内脂肪含量高并呈大理石纹样（这是其肉质风味优良的关键）、肌纤维直径小、单位面积的肌纤维根数多（这是其肉质细嫩的根本原因），上述特点综合反映到人们的口感方面，人们会感觉细嫩多汁、肉味香浓。

花猪省级保种场场长童训权创新实施"保护"式精准扶贫

庞 家 镜

现代都市智慧农业农民科学家

庞家镜·天台山禾农业开发有限公司董事长

　　他高考落榜后，迫于生活压力，背井离乡，在异乡成功创业。他尽孝返乡，涉足现代农业。在短短的三年多时间里，他创立的天台山禾农业开发有限公司成功研制出植物智能管家系列产品，拥有多项发明专利和实用新型专利。他和中国农科院、浙江大学生物系、浙江医学科学院均建立了长期合作关系，和上海城策院"农业＋产业链"研究发展中心结为战略发展伙伴。他在浙江天台建设了2万6千平方米的精品花卉中药材栽培实践基地，成功培育了数十种精品花卉与中药。他的基地被中国农业科学院农业环境与可持续发展研究所授予"都市家庭设施栽培示范基地"称号。

农民科学家智慧梦

很多市民喜欢在家中种绿植，但又苦于没空打理，常常将这些植物养死。为了让养花花草草变得更加轻松简单，天台的庞家镜发明了一款智能立体花柱，实现了智能养花养草。

庞家镜，1963年出生于天台县；1985年，在宁夏银川创办家具厂；2012年，回乡涉足现代农业；2014年，研发生产智能花柱，现为天台山禾农业开发有限公司总经理。

少小离家，异乡成功创业

高考落榜后，庞家镜迫于生活压力，背井离乡外出挣钱。很多人都知道，天台的滤布非常有名，他和许多天台人一样，也是扛着滤布四处闯荡兜售。这样的生活一过就是两三年，直到他来到银川，突然萌生了留在"塞上江南"的想法。那个年代，想在一个地方安身立命，必须要会门手艺活。于是，他在当地拜了个天台人做师傅，跟着他学做木匠。因为有着数学几何基础，他用了一年的时间就出师了。靠着手艺和口碑，他很快在当地积累了客户源，并在一年后开了一家家具小作坊。那时的他也不曾想，会在异乡做家具，一做就是近30年，从家用家具到高端酒店用具，从小作坊到占地2000多平方米的家具厂，庞家镜的家具生意越做越大。

尽孝返乡，涉足现代农业

几年前，考虑到孩子的读书问题和家中日益年迈的父母，庞家镜开始琢磨将银川的生意收尾，回乡再次创业。在大西北生活了30年，他越来越怀念故乡的山山水水。2012年，他回乡开始在现代农业上做文章。天台有个卖铁皮枫斗发家的陈立钻，这是很多人都知道的。他当时就在想，随着人们生活水平的不断提高，健康一定越来越受重视。于是，他决定尝试繁殖种植铁皮石斛。庞家镜与浙江大学生物系合作，在园区购置了四五十万元的设备、原材料，做了一个无菌实验室。可惜时不我待，只一两年的光景，铁皮石斛种苗的价格就从最初的35元一瓶跌到四五元一瓶。

为了不让这些种苗白白浪费，他开始想办法让这些铁皮石斛走进千家万户。果然，近几年，越来越多喜欢种植花卉的人开始在家中种植铁皮石斛，一来可以为家中增添绿意，二来大家可以随手采摘新鲜的铁皮石斛冲泡，既养生又有情趣。正当他喜不自胜的时候，新的问题接踵而至：想照顾好植物并非易事，尤其对于居住在大都市、小公寓的朋友来说，有限的阳光和空间都成为植物健康生长的最大阻碍。缺少光照、浇水太多或太少等问题的出现，使得买回家的植物很快就死了。于是，就有了他现在的这个创业项目——智能立体花柱。

变革创新，都市养花新方式

这个智能立体花柱可以利用智能浇灌系统把植物养得很好，同时利用垂直空间，立体集成种植，不到0.1平方米就能种植4到16种植物。不仅如此，这个智能立体花柱还可以360度旋转，自由摆造型。

2014年底，庞家镜凭着自己的想法研制了第一代智能立体花柱，大家可以通过设定，实现每隔三天或者五天对植物进行浇水，但是无法解决室内光照不同的问题。为了让智能立体花柱的功能更加完善，他到安徽、深圳等多地拜访专家，集思广益，终于研发出如今的智能立体花柱——不仅可以根据实际情况及时浇水，还能给植物进行补光，相当于往家里放了个小太阳。之后，他开始在花盆内安装湿度感应装置，采集花盆内部的湿度数据。当植物缺水时，感应器就会提醒花盆自动给植物浇水。不仅如此，花盆会根据传感器获得的数据来确定需要浇多少水。另外，浇水的功能有两重保险，第一个保险是浇水，第二个是浇完以后下面的根系吸水。上浇下吸，保证植物盆内的湿度是比较均匀的，浇水会浇透，植物能自然生长。

除了浇水，他还根据植物的光合作用研发了补光灯。有了自动补光功能，无须把花盆放到阳台，绿植就能进行光合作用，减少了用户维护的负担。

与农民科学家的对话

记者：植物特性不同，对水分的需求不同，智能立体花柱如何解决这个问题？

庞家镜：智能立体花柱有五种浇水模式，可以根据植物的不同特性来确定浇水频率。可以根据植物的特性设定旱生模式、水生模式等五种模式，比如旱生模式，半个月至一个月浇一次水；而水生模式，可能是每天要浇一次水。

现代都市智慧农业农民科学家庞家镜潜心研究神奇种子包

记者：智能立体花柱如何实现给植物补光？

庞家镜：我们在智能立体花柱上安装了两种植物专用光，一种是红光，一种是蓝光。其中，红光是让植物腰杆能站直，保证叶茎能够粗壮；而蓝光能让植物开花结果，比如说要让它提前到春节开花，我们就可以多给它供应一些蓝光，这样它开花的时间就早一些。

记者：如今智能立体花柱面临怎样的瓶颈？

庞家镜：经过两年多的研发，智能立体花柱这款产品功能已经十分完善。我们现在面临的主要是销售瓶颈，很幸运，我在参加浙江经贸职业技术学院浙江农民大学培训班的时候聆听了丁老师"新供销·心零售"的创新理念，我很有信心在他的指导和帮助下让这款智能立体花柱顺利地走进千家万户，助力乡村振兴，赋能健康中国。

潘浩亮/朱生花视频访谈

潘 浩 亮 / 朱 生 花

农创侠侣对有机农业说"I Believe"

潘浩亮/朱生花·杭州爱比利生态农业开发有限公司
创始人

　　他们夫妇是农创领域的"侠侣"，坚持十多年有机种植四季精品水果，他们为运营农庄所注册的公司名叫"杭州爱比利生态农业开发有限公司"，"爱比利"这个名字取自"I Believe"（我相信）的谐音。2017年他们的生态休闲农庄被评为余杭区十佳乡村旅游点、浙江省现代农业科技示范基地。他们的生态休闲农庄生产面积达530亩，是余杭区田间学校实训单位，生产总投资约3000万，年产值600万。他们种植的葡萄被称为葡萄界的"哈根达斯"，2017年被评为"浙江省十佳葡萄"和"杭州市金奖葡萄"，此外，他们的葡萄还是2018年省两区现场会指定水果。

梦想＋技术＋商机

采访之前，我们在网上看到一些照片，已可以感受到沪杭等地游客对山果湾的热捧。炎炎夏季，坐在满是葡萄藤叶和"葫芦娃"的棚子下面，年轻的爸爸妈妈们只要把自己的孩子轻轻抱起，那些可爱的嘟嘟小嘴就可以叼到葡萄了。据称这个山果湾还在省内独家引进了好几种美国、日本、英国的葡萄品种。其中有一种美国无核珍珠小红提的甜度达到26度。所以说，即便是冬天前去，也会带有一种兴奋的探究心理。

车经杭长高速，到双溪禅文化步行街，再折往四岭村方向，不一会儿就抵达山果湾了。起先招呼我们的是园区技术管理人员李宝印。他给我们介绍了一下整个500多亩园区的大致情况，还给我们看了几张葡萄满枝的照片。他指着葡萄果皮的果粉说："这是真正的自然果粉。这里种出来的葡萄根本不需要清洗。我们从来不用膨大剂、催熟剂、上色剂这些东西。在葡萄长到比黄豆大一点的时候，我们就开始给葡萄套袋了。套袋的目的一是为了防鸟啄，二是为了防病。这些小鸟很机灵的，果子一发红就飞过来了，各种各样的鸟都喜欢吃葡萄。"李宝印做葡萄园技术管理有不少年头了，早几年他曾在上海闵行区鲁汇镇打理过一个大果园，算得上是一位名副其实的葡萄园管家了。

说话间，"庄主"潘浩亮和妻子朱生花到了。毋庸置疑，这是一对在农村广阔天地里创业的好典型。据潘浩亮说，他们平日里在杭州城区要花不少精力打理一家外贸公司，主要业务是向日本出口卫生间家纺三件套。之所以又到径山搞休闲农业，最初是出于对有机农业、有机生活的一种向往。女当家朱生花一直以来就梦想有一片美丽的葡萄园。而且潘浩亮的弟弟潘洪亮是环保专业的大学毕业生，三四个人组合在一起，事业心＋梦想＋技术支撑＋商机，底气就来了。山果湾从2011年开始运营到现在，兄弟俩的资金投入已不少。目前除了葡萄，园区里还种植了不少猴面李、枇杷、翠冠梨等果树。

记者和潘浩亮往园区里头走，只见一排排葡萄树边的土地明显翻过。他说，这是他们年年都要做的功课。"我们采取的是人工挖沟施肥的方法。肥料用油菜籽饼、羊粪、兔粪，翻出来的泥土要和肥料充分拌和，再填回去。"

至于眼前这些葡萄树的树皮为什么要剥掉，使树变得这样光溜溜的，这位绍兴嵊州人解释说："这主要是为了防病虫害，因为蛀虫是躲在树皮里的。我们这样做就是为了避免一切化学农药手段。做有机农业，方方面面的人工成本是不少的。你看这些枝条现在都做了一定程度的固定处理，这样春天芽发起来就整齐，果实也不容易掉了。"

潘浩亮做观光农业确实选对了地方，这地方距离余杭优质水源保护地四岭水库只有两千米多一点。大家知道，水、空气、土壤这三者对有机农业来说太过重要。山果湾农庄的灌溉用水直接引自四岭水库，环境方面的有利条件让潘浩亮等人添了几分自信。他们为运营农庄所注册的公司名叫"杭州爱比利生态农业开发有限公司"。"爱比利"这个名字取自"I Believe"的谐音。这个命名本身就反映了几位青年创业者对有机农业的信心。山果湾运营3年多时间以来，先后获得了省无公害水果基地、杭州市水果高效安全生态种植示范基地、余杭区名牌产品等多个荣誉称号。看似不大的一个农庄，正在慢慢积淀起属于自己的，同时也属于余杭有机农业的品牌力量。

有机农业与储钱罐

谈到做有机农业的理念时，潘浩亮提到了一位为山果湾供应益生菌有机肥料的日本客商。这位名叫萨多桑（音译）的客商对他说："做农业不要只想到发大财。就像一个储钱罐，不要计较罐子里有多少钱，每次有点结余就投进去，这样时间一长，当有一天罐子打开，你会发现一种喜悦，这是一种精神的富有，这样人生就值了。"他觉得自己做有机农业也应该秉持类似的一种心态。

采访中，潘浩亮还谈到了自己酝酿已久的一个想法，那就是建设一个酒堡，把资金投入往产业链另一头延伸过去。按照他的说法，他要生产不使用酒精勾兑的、不含任何二氧化硫、防腐剂、人工色素、香精等成分的葡萄原浆红酒，还有葡萄白兰地。在业者确保充分掌握了相关的生产技术、工艺标准，这个产业链延伸计划是值得鼓励的。

"这几年我们每年都做一点自酿葡萄酒。那种搪瓷大缸，2014年做了差不多四十缸。按照比例算的话，十斤葡萄才能做成两斤酒。而且一点水都不掺加的，就只是让葡萄和冰糖一起发酵。葡萄原浆酒发酵时间、方法都蛮有讲究，发酵一年多的和半年多的酒，在度数上有明显区别，发酵的技术水平也会直接影响酒的香醇感。"他说。

"这几个品种的葡萄都能做出好酒吗，包括青葡萄？"记者问。

"都可以做的。青葡萄做出来的酒颜色也是发青的，度数上也要'凶'一点。不同品种的红葡萄做出来的红酒，甜度也有区别。像美国珍珠小红提，本身只有拇指指甲这么点大，出酒率相对就低。我们从来不会为了追求利润而在水果上打膨大剂。为了品质，我们宁可成本高一些、利润低一些。"他回答。

农创有机"侠侣"用"I Believe"孕育葡萄界的"哈根达斯"

从潘浩亮的话语中，我们可以感受到一种把事业做长远、把品牌做精纯的决心。潘浩亮还告诉记者一个好消息，山果湾也将紧跟智慧经济、信息经济大潮，面向手机客户端做自己的"智慧农业"。不久的将来，山果湾农庄每个种植和生产的角落都可以接受消费者实时视频监控，消费者下单、预约等环节也会更便捷。

林 招 水

用匠心打造顶级火山茶

林招水·龙额火山茶创始人

　　他原来从事钢管贸易生意，2008年，他以高票当选了玉环大麦屿镇额村村民委员会副主任，分管农业工作。他把偏僻荒芜的火山岩变成了郁郁葱葱的火山茶博园，他把如歌的岁月献给了他的农村与他所钟爱的火山茶事业，获得了"全国农村青年致富带头人"的称号。他把一片小小的茶叶做成了火山梦、唱响大江南北的"火山红、中国红"，谱写了一曲动人的新农村建设之歌。他作为国内青年创业代表，在北京中关村受到原国家副主席李源潮的亲切接见。

心系乡村，火山造梦

林招水原来从事钢管贸易生意，2008年，他以高票当选了玉环大麦屿镇额村村民委员会副主任，分管农业工作。既然上任了，他就想着如何为村里多做实事，日夜想着如何带动村民致富。于是，他放下了红火的钢材生意，选择回到了偏远的高山老家——镇额村去种茶。

山里不适合发展工业，只有农地，想来想去只有发展农业。一次从一位老农那里得知，村内有座国内少有的海岛火山——玉环火山口遗址，20世纪70年代有人在那儿种过茶树，后来由于没人管理才变成现在的荒山。就在这位老农的启发下，他萌发了要把这座荒山当作桃源，在这里种茶叶的梦想。

2008下半年，林招水开始在玉环火山的荒山荒地上种茶树。因不了解茶树的本性，加之种植经验不足，2009年6月，茶树成活率极低，近80%都夭折，没死的也长不大。那时，很多亲朋好友都劝他放弃，可林招水想，既然决定要做了，就要努力去做好。于是，他四处求学，寻访名师，聘请中国茶叶研究所和浙江大学专家到火山进行实地研究。经过一次次地反复试种，火山遗址上的火山茶树终于种植成功。看着漫山遍野吐着绿芽的无名茶，林招水给它们取了名字，叫作"龙额火山茶"。

弘扬茶文化，独创"火山红"

由于林招水做零农残的健康有机绿色食品的坚持，加上海岛火山得天独厚的生态环境等优势，在2012年的上海国际茶文化节上，会场上的专家和领导对"龙额火山茶"赞不绝口。龙额火山茶一举成名,荣获上海国际茶文化节特优金奖(全国金奖19名,前三名是特优金奖)。龙额火山茶注重品牌建设,先后荣获台州市著名商标、台州市农业龙头企业、浙江省农业科技企业、浙江省农博会绿茶金奖、浙江省农博会红茶金奖、浙江省绿茶博览会金奖、"中茶杯"全国名优茶评比特等奖等奖项。

火山茶人历经九年的努力,采用最原始的"自然农法",用工匠之心,放弃了农药、除草剂,坚守了自然生命。万年海岛火山灰土壤富含硒、锌、铁、钾、钙等矿物质微量元素,是世上稀缺的天然有机肥土壤。

火山灰土壤、海风晨雾及海洋暖湿气流带来的高负氧离子常年浸润土壤和茶叶,茶树吸收天地之精华,矿物质微量元素含量非常丰富,专家们称其为稀有长寿茶。

生产顶级红茶是我国茶界前辈的夙愿。当代茶圣吴觉农曾说过:"中国不能没有世界顶级的红茶。"茶界泰斗张天福说:"中国要发展世界顶级红茶。"林招水带领团队精心制作火山红茶,公司立足于海岛火山独特的自然资源,立志制作"最稀有珍贵的世界顶级红茶",让"中国红、火山红、红红火火、红遍千家万户"。

从2012年开始,玉环火山茶股份合作农场连续五年举办火山茶文化节,并邀请全国知名茶叶专家、音乐家、文学家、书法家、摄影家来到茶博园,将美丽乡村摄影节、火山茶旗袍秀、全民饮茶日活动、火山茶科普展、浙江省首届海岛火山茶高峰论坛等活动巧妙融入火山茶文化,并不断地举办"火山茶文化进课堂"、火山茶亲子采茶体验游、"玉环火山茶——茶树认养"等各种公益文化活动,丰富了浙江乃至中国的茶文化内涵,营造了全民饮茶的氛围。

龙额火山茶以弘扬中华茶文化为己任,先后成立了火山茶科普馆、火山茶摄影展览馆和火山茶书画院,并荣获玉环农民大学生教学实践基地、玉环县科普教育基地、玉环县党外知识分子实践基地、台州市摄影家协会拍摄创作基地、台州市青少年家园、台州市生态文明基地、浙江农林大学人文茶学院教育实践基地、浙江大学茶学系教学实践基地、浙江大学茶叶研究所科研基地、中国茶叶学会科普示范基地等称号，同时被农业部和共青团中央授予全国青少年科普示范基地称号。

荒岛作桃园，茶香飘千里，浓浓家乡情

随着龙额火山茶的品牌逐步走上稳健发展道路，林招水想起了自己最初的梦想——带领全体村民共同致富。为此，他在原来的玉环县石峰山农业科技有限公司的基础上，于2013年成立玉环火山茶股份合作农场，入股村民不仅可享受每年保底回报，还能享受集体所得的多次分红。

作为企业家，林招水说："不仅要做好自己的产业，还要热心社会公益事业，有所担当，勇于承担社会责任。"2012年火山茶首届开采节举办时，他举办"极品火山茶慈善公益拍卖和爱心助学捐款"活动，将所拍得的10880元捐给当地慈善机构。2013年又成立玉环火山茶爱心基金会，每年资助困难大学生读书，帮助弱势群体。

欲问秋果何所累，自有春风雨潇潇。林招水同志就是这样，心系家乡

全国农村青年致富带头人林招水心系乡村，火山造梦

建设，情牵村民无怨无悔，时时刻刻以一名优秀共产党员的标准严格要求自己，他为家乡新农村建设的发展倾注了大量心血。他为创业致富披荆斩棘，用真心、真情、实干谱写着新农村建设的壮丽诗篇。

田 小 娟

以"根"为媒，打造农家乐综合体

田小娟·庆元县三山根博园董事长

她原来是一名下岗女工，不曾料想，20年前她与丈夫蓝山的一点点坚持与选择，成就了今日的一个大梦想，在常人眼里百无一用的枯根朽木，如今在庆元搭出了一个乡村旅游的大舞台——这就是她和丈夫的"三山"，即"三山根石文化博览园"。"三山"荣获浙江省劳模接待站、浙江省美丽乡村贡献奖、浙江省生态文明教育基地等称号。现在，三山根艺已变成了三山根邑——东方醒狮园，成为庆元文化旅游的一张金名片。2015年三山根艺被评为丽水市精品农家乐综合体，2016年被评省级五星级农家乐（庆元县唯一一家）。今天，"三山"已然成为庆元乡村旅游的一个领跑者，更是乡村振兴文化引领的开拓者。

下岗女工的大梦想

2018年对于田小娟来说注定是不平凡的一年，短短的十多个月，她与丈夫蓝山共同完成了三山根邑——"上下五千年，东方醒狮园"十多个场馆的创建，成功完成了三山根邑的文化品牌创建。至此，他们多年来经营的农家乐终于依托品牌的创建形成吃、住、行、游、购、娱、养、育一条龙的黄金组合，形成了强大的综合体优势，他们将农、文、旅、养，第一、二、三产业相融合，在当地逐渐扛起了乡村振兴、文化引领的旗帜，走出一条特色的乡村振兴之路。

2000年，她曾是庆元县政府菇城宾馆的一个下岗职工，但凭着一股不服输的干劲，与丈夫共同再创业，创建三山根艺厂。随后的几年，做根雕、卖根雕成为他们的生活主题，这是一段充满激情与创意的时光。她们到丽水开小作坊，到东阳闯市场，然后又折回云和中国根雕城打拼了三年半。闯荡的激情与快乐，艰辛与困苦，成就了他们夫妻丰富的人生经历。2015年，她们打道回府，在庆元成功转型创建了三山根艺农家乐综合体，放弃了原本熟悉的根雕行业，端盘子做起了农家乐。

回首他们所走过的路，做过的事，大约可用三句简述之。

初时，转型之旅，砥砺前行

他们从做天马行空的根雕艺术产业到做谨小慎微的农旅融合服务业，夸张一点说，真的是一次脱胎换骨的磨炼，是刮骨疗伤的沉痛。他们承受着转型中的资金压力，管理的操劳，精神的疲惫……但在艰难中，他们始终激情满满，种好自己的地，做好自己的事！踏踏实实地做好农家乐网，稳扎稳打地开拓新市场。为此，他们对接上海、杭州……终于上海、杭州的客人蜂拥而至，金华、温州客人也随之而来。经营当中的劳碌与辛酸是家常便饭，但客户的好评与回馈温暖人心。在艰难的经营中，他们砥砺前行！在困苦中，他们选择与希望同在！

途中，不忘初心，把根留住

逐梦路上"受穷"是我们的家常便饭，可有时"受穷"，不但不能让人同情，还招来冷嘲热讽……一件蓝山钟爱的全国金奖作品"东方醒狮"有人出价数百万元，蓝山居然不肯出手，后来被人戏称是哪"根"筋搭错了地方，活该"受穷"！

人在途中，会迷茫。前进中所取得的点点成绩，有时让人沾沾自喜。但蓦然回首，突然发现自己似乎丢失了什么！一种莫名的恐惧袭向心头。是呀！为什么要做农家乐？为什么要将农旅相融合？初心到底是什么？一串串的问题打击着她，拷问着她。突然间，她似乎醒悟了。他们所做的，难道不就是要将他们的乡村，那个他们称之为家乡的地方融入他们的智慧，借助他们的双手，滋养出美丽的容颜，绽放出富强的花朵吗？将他们所做的"自然、生态、文化、艺术"的根雕创建成一个品牌，再依托品牌融合产业，带动农民创富、乡村振兴。这不就是他们不懈努力寻求的创富之"根"吗？不忘初心，创建品牌，融合产业，把根留住。他们所打造的三山，高举"上下五千年，东方醒狮园"的旗帜，把自然之根、生态之根、文化之根、艺术之根紧紧抓住。

所做这些，并不足为奇，让他们倍感欣慰的是，他们不仅仅依托根石文化率先在家乡做农家乐·民宿，带动了乡邻发展，更令人自豪的是他们同时创建了自己的根石文化品牌，将根雕艺术与华夏五千年文明史相结合，创建了华夏之根——千米根石文化长廊。长廊从盘古开天地开始讲述、女娲补天、原始社会、青铜文明，继而春秋战国、秦皇汉武、宋元明清，直至东方醒狮、强国之梦——中国"北斗"！长廊有十九个章节，数百件作品，一气呵成，气势恢宏。它不仅仅创建了一个根石文化品牌，更再现了鲜活独特的中华文明史！"三山"因此熠熠生辉！千米长廊成为华夏一绝！二十年的旅程由此变为华丽的乐章。"建一个根艺的天堂"，为乡村注入文化、艺术的灵魂变得触手可及。这是多么激动人心的事呀！

而今，文化引领，乡村振兴

近三年来，他们不断完善创建的"东方醒狮园"逐渐走向成熟。上下五千年的跨度，千百件根石作品，十八个场馆，从盘古开天地、女娲补天开始讲述，继而原始社会、青铜文明、春秋战国、秦皇汉武、唐宋元明清……相互串联，一气呵成，大气磅礴！一波一波来自上海、杭州的游客，一团一团的金华、温州游人，络绎而来！根石文化品牌大放异彩！而后他们以根石文化品牌创建为依托，将吃、住、行、游、购、娱、养、育融为一体，打造成农、文、旅、养的综合体。三山农旅商城的创建融合"百家"家庭农场、农村合作社，将最优质的蜂蜜、大米、蔬菜等农特产品，融入平台，推向市场，由此带动千家万户联合发展。在三山大本营的依托下，他们又创建了黄皮蓝山，这是三山又一个"乡村振兴"的宏伟蓝图。这里八个"百亩"计划已开启，百亩林下黄精基地，百亩高山茭白基地，百亩螺、鲤、鳅、混养基地，百亩雪莲果基地……返乡的农民，涌入的创客，汇集在一起，为乡村的产业发展注入无限活力……

　　蓝图已绘就，产业已兴起。"三山"已开创了一个实干兴园的大好局面，路——就在脚下！

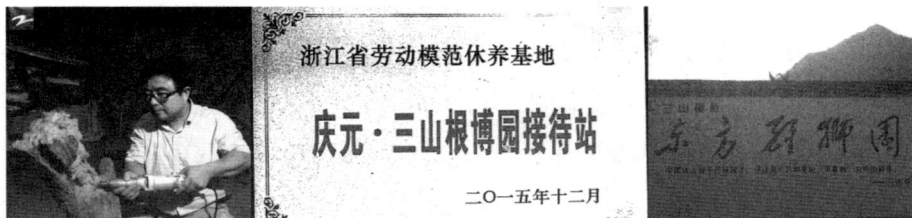

下岗女工田小娟以"根"为媒，打造农家乐综合体

潘孝雷视频访谈

潘 孝 雷

农业能致富，大家富才是真富

潘孝雷·瑞安市上绿蔬果专业合作社理事长

2008年，他大学一毕业毅然回家帮父亲种田。2012年，他牵头成立了瑞安市上绿蔬果专业合作社，携170余名社员大力推广青梗花椰菜并带动农民致富。2015年，他的合作社被列为浙江省"三位一体"试点之一。他在农业创业的重重困难中巧妙地把握机遇，并在瑞安市政府大力支持下建成了"上望现代农业社会化服务中心"，将全国各地的收购商集中在此。他建起了4000立方米的冷库用以解决蔬菜贮藏难题，他的集配中心辐射周边十万亩农田，蔬菜瓜果年交易量达到 5 万吨，年交易额达 1.2 亿元。

30 岁的潘孝雷是瑞安市上绿蔬果专业合作社的理事长，年轻、自信，是他给人的第一印象。尽管他年龄不大，却透露着超于同龄人的成熟。他扎根农村十年，从孤军奋战到抱团合作，从入不敷出到年销亿元，从青年农民成长为专业蔬菜市场的"职业经理人"，每一步都走得特别稳健踏实。他说，现在做农业，埋头苦干不顶事，单打独斗要不得；既要创造力，也要聚合力。农业能致富，大家富才是真富。

从"码农"到"新农人"

十年前，当潘孝雷刚刚从计算机专业毕业的时候，他以为他的人生路径会从"码农"开始，积累经验后在城市里开辟一番事业。那一年，家里 100 多亩的花菜丰收却面临滞销，只好以每公斤 3 毛钱的价格贱卖，尽管这样，仍有大量花菜烂在地里，这一情况让年事渐长的父亲一脸愁容。"像我父亲这一辈的种田人，长年累月辛苦务农却赚得不多，碰上不好的年头更要血本无归。"潘孝雷说道。

为解父愁，他毅然放弃了所学专业，投身农村，选择了大多数大学生都不愿意做的"泥腿子"，这一干就是十年。"在别人看来，我或许是放弃了大城市的大好前途，可我就想要改变落后的种植模式，帮父亲和周围乡亲增收。创业，就从农村开始吧。"如今，在上望蔬菜产地集配中心，看着一艘艘装满花椰菜的船停靠在岸边，花椰菜被装车发往全国各地，潘孝雷既激动又欣慰。

从"靠天吃饭"到"顺应市场"

传统农业的生产方式是"跟着感觉走，收获看天时"。潘孝雷真正投身到农田后，发现老一辈农民种菜方式过于朴实，大多是"跟着感觉走"，什么菜卖得好就种什么菜，或者想到什么种什么，没有适销对路的产品，这样风险很大。

农民和市场信息不对称，时常供不应求，又时常产品滞销，影响农民收入，潘孝雷试图改变局面。一次，一位在金华做蔬菜生意的商人来上望收购近1500斤的松花菜。对方口气很大，声称有多少要多少。这让潘孝雷十分好奇，于是他四处打听，原来商人将松花菜按每公斤2元的低价收购后，运回金华、义乌等地，按每公斤6—8元的价格卖出，除去运输成本，利润相当可观。商人的做法启发了潘孝雷。他发现市场才是蔬菜种植的指挥棒，于是他开始奔走于蔬菜市场收集信息，结合当地农田情况，寻找当地土地适宜种植的蔬菜品种。

"硬花菜是本地常种品种，但口感和市场远不如松花菜，不如引进松花菜品种，分批试种。"潘孝雷把这个信息带给周边的农户。他还意识到，抱团合作才有抵抗风险的能力。于是，他牵头组织了由170余名社员组成的上绿蔬果专业合作社，让这群相对年轻、有思路的成员带领农民们统一对接市场。不久，他的松花菜在上海、杭州等市场上随处可见，大受欢迎。采访时，社员们看着眼下的收入各个高兴得合不拢嘴。

从"全国送货"到"坐地迎商"

市场打开后，外地的订单越来越多，这本是好事，可新的问题又接踵而来，因场地、装备、车辆、运输等条件限制，花菜大量上市期间，一旦销售不畅，供大于求时，价格会大跌。菜农损失严重，农民卖菜难现象不断上演。在瑞安，每年浪费的花菜就多达1万吨，菜农们个个愁眉苦脸，积极性受到严重打击。

一个大胆的想法在潘孝雷脑中浮现。上望周边10万亩涂园是温州地区最大的蔬果基地，蔬果品种多、质量佳，如能构建一个大型集中的交易市场，将全国各地的收购商集中到这里收购，就免去了菜农寻找市场的麻烦。潘孝雷跑前跑后，向相关部门争取资金，又从东家跑到西家动员筹资，陆续筹集到几百万元，建成占地面积4000平方米的蔬菜产地集配中心，内设2700平方米的钢棚交易地及3个冷库。冷库解决了蔬菜储存问题，市场上同类蔬菜上市多，就利用冷库暂时缓解销售，延长了销售周期。这让很多农民的蔬菜又卖出了好价。集配中心建成后，集聚效应辐射周边10万亩农田，全国各地的商客云集此地，蔬菜瓜果交易量高达10万吨，2014年交易额达到5000万元。为此，潘孝雷也先后获得2014年度瑞安市"劳动模范"和2014年温州市第四届农村青年创业创新项目竞赛二等奖。

从"旱涝歉收"到"后顾无忧"

当蔬菜交易渐渐进入正轨后，潘孝雷不再种田了，而是当起了蔬菜产品的"职业经理人"。他把合作社的伙伴们看作自己的事业伙伴，帮他们买了保险。这样即便农作物再次受损，农民们也会得到相应补偿。他主动揽下了这个活，自掏腰包垫付15万元，给种西瓜的社员们统一上了政策性农业保险。有一年，西瓜成熟的时候，碰上了台风，看到成熟的瓜果烂在地里，农民们十分痛惜。台风过后，潘孝雷在烈日炎炎下跑到瓜地里拍照收集证据，又亲自跟保险公司协商，最后成功帮社员们拿到每亩100元的赔偿款，把农民朋友的损失降到最低。

　　辛勤的劳动，赢得了荣誉和鲜花。如今的他已成为农民心中的"福星"，他坦言，交易中心运行以来，带动产业年交易额超过了1亿元，得到了越来越多农户的信赖，品牌也在国内市场渐渐响了起来，带动了农民增产增收。合作社在他的带领下还多次获得了瑞安市政府的嘉奖。

瑞安市劳动模范潘孝雷建构"松花菜"全产业链，带领乡亲共同致富

俞嘉视频访谈

俞　嘉

因父爱投身农业的"80后"IT爸爸

俞嘉·敦果良品品牌创始人

　　他是学IT出身的"80后"父亲，在2012年12月21日，离开了工作了9年并心存感激的UT斯达康。而立之年，为了遵从本心，做自己喜欢而有意义的事，他正式开始投身农业。他加入国外奇异莓团队并一起建立了"稞莓"品牌，负责奇异莓的国内销售工作，从2017年起，"稞莓"奇异莓开始进入全国各地的华润Ole、华东华南地区的盒马生鲜、发展迅猛的生鲜电商每日优鲜、知名水果电商本来生活、天天果园，以及线下零售连锁联华、永辉、鲜丰、伊藤洋华堂等。他受邀参加2018年在中国香港举办的亚洲国际水果展，产品深受各国采购商青睐，相信在不久的将来，他的敦果良品还可以走出国门，走向世界！

因为父爱而投身农业

学IT出身的"80后"父亲俞嘉，从小喜爱动植物，原本想做一名兽医，可高考随了大流，报考了电子信息，还没从中国计量大学毕业，就进了当时的热门公司——UT斯达康，从事质量管理，然后成为一名项目经理。2012年12月21日，俞嘉离开了工作了九年并心存感激的UT。而立之年，为了遵从本心，做自己喜欢而有意义的事，他正式开始投身农业。

早在2008年次贷危机发生时，当时，正在天津大学读MBA的俞嘉，和几个同学研究了美国经济危机和日本大萧条，觉得农业是当下相对稳健的行业，于是初涉农业，他通过农科院的同学郗督隽从日本引进了一个紫薯品种，即紫美2号，种在温州一个果园里。收获季节果园歉收，没想到挖出来的紫薯大丰收，平均都在半斤以上，蒸出来又粉又糯，又香又甜，深受身边朋友好评，当时UT的很多同事每周都要买他的紫薯，直到现在，还有人在回味那个味道。可是，因为负责销售的人员临阵退出，丰收的紫薯的销售变得异常艰难！于是他跑学校食堂，找企业团购，联系亲朋好友，俞嘉知道，农产品不易保存，番薯还会发芽，必须尽快销售。为此，俞嘉都上了浙江电视台的《小强热线》节目做宣传，可是收效甚微，最终除去损耗，勉强小亏，以失败告终。

吃一堑长一智，离开UT时，俞嘉刚好做了父亲。面对不断爆出的食品安全问题，他坚决选择了以农产品为切入点进行转型，将来如何让自己的儿子吃得安全是他要努力的方向。于是，他来到勾庄的农贸市场，从一名管理人员开始慢慢学习这个新的行业的知识，并开创了自己的品牌：敦果良品。在儿子出生前，他就想好了子女的小名，敦敦和果果，尽管那个时候都不知道是儿是女。敦果良品在滨江的几家公司推广当季优选水果，所有的产品都由他严把质量关，亲测糖度，绝不推选染了色的早橙、喷了药的杨梅、化学催了熟的水果。早在几年前，他推选的当季慕斯凯特香味葡萄、黄皮火龙果燕窝果、雷尼黄车、香杞桂七、香桃肥桃等获得了满满的好评。

漂洋过海苦寻"奇异莓"

可是，生鲜完全不同于电子产品，最关键的，是无法标准化！今天的水果好吃，可是，明天的，除了换了果园，哪怕采摘的位置不同，都会影响水果的口感和品质，也会影响客户的口碑，这个问题始终困扰着他。只有往上游，建立自己的果园，自己来标准化！

于是，俞嘉开始选择品种——既能适应当地气候水土，又是独特稀缺的品类。最终，他找到了奇异莓，市场上一款来自新西兰的浆果，迷你、新颖，可以直接带皮食用，维C含量比橙子还高，B族维生素高于草莓和苹果的数倍，是非转基因的野生浆果，经过人工驯化而来，并且未大规模商业化种植。

奇异莓又叫软枣猕猴桃，它原产自中国，是一种稀有的"野果"，却被国外的育种学家抢先一步开发出了适合商业化的品种，而绝大多数中国人都没有吃过甚至见过这种水果。

这就像红茶原产中国，被英国殖民者带到斯里兰卡精细化种植后，经英国皇室的宣传风靡世界，导致现在的人只知"立顿"不知China。

选定品种之后，他开始找寻土地，从衢州的常山，到金华的兰溪，再到余杭的良渚，周边大大小小跑了十几块土地，最终在千岛湖蓝城小镇相继建立了奇异莓基地。因为2022年杭州是亚运会主办方，而奇异莓刚好那个时候进入盛果期，俞嘉有一个心愿，希望他和小伙伴种植的奇异莓能够让亚运会的运动员吃到。他每周开车几百公里去蹲守基地，亲自学习修剪、施肥，为了食品高标准，他以绿色认证的要求去种植，不仅没在果园用除草剂，他甚至还特意去买草籽种，让果园形成良性循环。千岛湖基地是山改地，土壤贫瘠，有机质含量低，土壤板结严重。由于基地离下姜村很近，下姜村的老书记又非常认可他的为人，特意将下姜村养蚕场的蚕沙，免费送给他，帮助他改良果园的土壤。除此以外，他还不惜成本套种黄豆，以增加土壤肥力，并且和省农科院立项土壤改良计划。一年时间，往返将近5万公里，基地从荒芜渐渐有了规模，有了起色。接下来，他希望成为农科院挂牌基地，然后从国内外专家手中引进更好的技术和品种，并带动当地农民扶贫致富！

创新模式新零售

与此同时，俞嘉吸取了之前紫薯种植的经验教训，一开始就综合运用互联网思维和新零售模式提前布局线上线下融合的销售渠道。为此，俞嘉加入国外奇异莓团队并建立了"猍莓"品牌，负责奇异莓的国内销售工作。从2017年起，"猍莓"奇异莓开始进入全国各地的华润Ole'、华东华南地区的盒马生鲜、发展迅猛的生鲜电商每日优鲜、知名水果电商本来生活和天天果园，以及线下零售连锁联华、永辉、鲜丰、伊藤洋华堂等。

2018年他的基地生产的奇异莓产品供不应求，基本上一天保持在3000单左右的发货量，在短短1个多月时间内就通过以上各种渠道很快售罄，创造了奇异莓销售的一个奇迹。

由于"猍莓"品牌的奇异莓的良好口碑，2018年俞嘉的奇异莓团队受邀参加2018年在中国香港举办的亚洲国际水果展。"猍莓"品牌的奇异莓以其过硬的产品质量、良好的口感和专业的服务深受各国采购商青睐。相信在不久的将来，"猍莓"品牌还可以走出国门，走向世界！

因父爱投身农业的"80后"IT爸爸俞嘉漂洋过海苦寻"奇异莓"

杨含宝

勇做绿水青山守护者

杨含宝·福应街道森林消防大队杨府中队队长

1996年他加入仙居县福应街道民兵应急分队，2004年他被福应街道武装部评为年度优秀基干民兵。自2009年加入森林消防队以来，他组织扑救了大小100多场的森林火灾，支援各街道乡镇10多次。2015年，福应街道杨府村志愿消防队成立，他担任队长。2016年，浙江省森林消防机降灭火队（仙居队）成立，他担任副队长。2017年6月，他担任仙居县福应街道杨府村专职网格员。2018年，他成为筹建仙居县神鹰森林消防队的主要负责人。现任福应街道森林消防大队杨府中队队长，同时兼任福应街道杨府村下街专职网格员的他立志要勇做绿水青山守护者。

坚守在森林消防一线的山里人

他叫杨含宝，仙居县福应街道杨府村人，今年40岁。福应街道森林消防队成立于2006年，之前的灭火工作是由乡镇干部带领村基干民兵和村民来完成的。他高中毕业后，当时找不到工作，就做工艺品，在毕业当年的年底，加入了村基干民兵，就这样边干活边做着民兵各项工作。在2004年时他被福应街道武装部评为年度优秀基干民兵，之后由于工作的原因去了外地几年，在2009年他加入了福应街道森林消防队，任职杨府队队长（当时共有3个队），一直到今。

仙居是一个"八山一水一分田"的县，为国家重点风景名胜区。仙居县森林资源极其丰富，面积约为199.7万亩，森林覆盖率达77.2%。俗话说凡事都有两面性，因为林业面积很大，防火就成了仙居人至关重要的巨大任务。而福应街道森林面积约为17万亩，位置又在仙居的东大门，防火更是重中之重。

每年的防火期是11月1日至次年的4月30日，而仙居的节庆——一个是正月十五，还有一个是每年的清明时节，村民们总是要上山祭祖。缅怀先烈和祭祀祖宗少不了爆竹声和烛光影（虽然省禁火令上八大禁令明确规定进入林区不能带火烛，但还是有个别的人存着侥幸的心理），满山的狼藉过后，也有了许多的火灾隐患。上山的人走后，有的"死灰"就开始复燃了，灌木丛慢慢地燃烧起来，蔓延的火势瞬间吞噬了成十上百亩郁郁葱葱的青山，根本就来不及扑灭，这些苍劲的松柏瞬间化为乌有，火灾不但毁灭了大片的森林，而且污染了环境，给私人和公共财产造成了不可估量的损失，给仙居带来了惨痛的教训。

本着"防患于未然"的原则，他在 2009 年加入森林消防队后，组织扑救了大小 100 多次的森林火灾，支援各街道乡镇 10 多次。一有空闲他就会带着队员去巡山，有时候看到村民在山上烧灰积肥，他们就耐心地举例劝导，给他们陈述种种利害关系，当然经常会碰到有些固执的老人，这个时候，必须受得了奚落，顶得住白眼，耐得住性子。

作为一名森林消防员，最重要的本钱就是体力，刚开始的时候，他真心不习惯，每天几趟巡逻下来就筋疲力尽，但他深深地知道森林防火不是一朝一夕的工作，应当锲而不舍、坚持不懈。

2015 年，他们成立了福应街道杨府村志愿消防队，他任队长。2016 年，他们又成立了浙江省森林消防机降灭火队，他任副队长。全省 20 支队伍，台州市 3 支，这是仙居唯一的一支。参加过这次省组织的森林消防指挥员培训班后，作为一名森林消防队指挥员，他深深地懂得光靠一身的干劲并不能满足森林消防的要求，要在不停地学习和累积经验中，使实际和科学相结合，学习如何更快速并高效地去组织灭火，本着以人为本、预防为主、积极扑救，打早、打小、打了的原则，把山林损失降到最低的限度，这才是他们最重要的出发点和目的。

随时待命，降服一切森林火魔

每当看到天空中飘起黑烟，不管多忙，杨含宝都会放下手中的活，赶到现场去查看，直到确认无误才返回。甚至村子或邻村发生的小火灾，他都会第一时间赶赴现场灭火，每次出警，杨含宝都会带头冲上一线，迅速展开灭火攻势。

在平时的工作中，杨含宝特别肯动脑子，他专门购买了各类书籍、光盘，学习救火知识，并带领队员们努力学习森林火灾扑救的理论，研究实战案例，结合自身多年扑救森林火灾的实践经验，摸索出一套套具有自身特色的扑火战术。在成功扑救的100余起火灾中，这些扑火战术取得了很大的成效。

积极宣传，提高群众森林防火意识

日常工作中，杨含宝创新性地将实战演练、装备保养与巡查宣传融为一体，通过定期下村巡查演练，一方面通过走村入户排查安全隐患、开展消防宣传，另一方面检查保养装备，锻炼队伍的实战能力，让队员们更加熟悉每个村的地形及水源位置，为遇火情时及时有效扑救奠定基础，实实在在地提高了队员操作使用装备的能力和对不同灾害、不同地域、不同特点的险情处置能力。

近年来，市民的安全意识有所提高，上山祭祖的人也开始采用鲜花祭祀，森林火灾大幅度减少。为了提高村民们的消防安全意识，杨含宝还为消防设备安装上了喇叭，经常性地在各村巡回提醒大家注意防火。

森林消防卫士杨含宝立志用余生勇做绿水青山守护者

　　他以他的职业为光荣，他以他的工作为高尚。为了青山常绿，为了绿水长流，为了保持仙居这一方"云雾缭绕"的美丽风景，他愿坚持不懈、一如既往地努力下去。他宣誓——保证每次都有组织地、安全地、及时地完成任务，不辜负所有人对他们这些森林消防员的期待和信任！

　　为了美丽的浙江，为了绿色的仙居，一起努力吧！

夏 玉 婷

农家土货的返乡代言人

夏玉婷·江山市雨婷水果商行负责人

  2012年，学医疗美容专业的她在大城市工作2年后返乡创业。从靠老乡帮忙寄2斤野生葛粉开始，利用微信朋友圈，她的团队从最初的几十个人发展到现在的几千个人；从帮忙村民往外寄土特产到自己上村民家收购农家干货、农家百花蜜、农家板栗、农家菜籽油、农家纯甘蔗熬制土红糖、农家胡柚和农家红薯干等优质农家土货，她引领当地猕猴桃基地开展以采摘、体验为主要特色的农旅融合项目。她立志要做家乡优质农家土货的返乡代言人。

返乡涉农创业

　　山里长大的夏玉婷一直向往城市生活，以为自己以后会一直在城市拼搏和生活。2012年医疗美容专业毕业，在大城市工作2年后，她和男朋友毅然决定放弃城市喧嚣的生活。其间，一个偶然的机会，城里的老乡问她有没有野生葛粉卖，经过寻找，她发现隔壁邻居叔叔家刚好有优质的野生葛粉，这些优质的野生葛粉都是每年立冬后这位叔叔上山干农活时偶遇挖回来的，经过洗—撑—滤—晒等工序制作而成，属于天然的绿色好食材。于是她买了几斤，经过简单的包装后通过快递邮寄给了城里的老乡。没有想到城里的老乡收到她快递的野生葛粉后十分开心，因为吃到了老家正宗的山里土货。隔壁邻居的叔叔更是到她这里表示感激，因为以前这些挖的野生葛粉从来没有卖出去过……她第一次感受到帮助家乡的农民把正宗的土货卖出去的幸福和快乐。于是慢慢地，她选择了"微商＋农业"创业这条路。刚开始，她只是自己简单地去农户家里收购一些优质的农特产品，为自己微信朋友圈中几十个好友提供服务；经过一段时间的积累，她从手写面单到电子打单，从她自己一个人卖产品到吸引有兴趣和意向的伙伴加入成为她的合作伙伴，从别人讨厌的微商到人人知道买应季土货找雨婷的良好口碑。

坚持就是胜利

　　不同农户，地段不同，季节不同，蜂蜜的味道、颜色也有所差异，但夏玉婷后来发现，回头客还多了很多，因为他们只要东西真，不掺假。再后来有些老人都会上她家来玩，问她要不要土蜂蜜，可不可以帮他们卖出去。在这个过程中有喜悦，因她感觉自己在摸索成长，但有时也有无奈，因为农村里也是看天吃饭的。比如2019年，本以为雨水多，很多农作物开花时会遇到寒潮，结果开花时遇到大晴天，连续未下雨。农户家的主要经济来源如猕猴桃、山茶油、土蜂蜜、板栗等受到很大影响，比如猕猴桃要人工浇水，太晒会掉果严重；土蜂蜜土蜂跑了；山茶籽往年能压榨300多斤油，今年颗粒无收，折合人民币损失万把元；板栗往年产量有几千斤，今年只有几十斤……面对农户们的困扰无奈，她在想她能帮他们做些什么呢？

有时，看到老人们辛苦种的挖的生姜放得时间长了发芽烂掉……夏玉婷就不由自主地拍照片发到朋友圈，帮助70—80岁老人把生姜卖出云，朋友圈熟悉的客户或者家人也会帮忙转发，没想到生姜一会儿就被卖掉了，老人很高兴生姜不用放那儿发芽或者在地窖里搬进搬出了……现在很多老人都开心地说："我们家的生姜、我们家的猕猴桃、我们家的笋干……不用担心烂或者长虫子了，因为婷婷会帮我们卖了。"每次听到这句话的时候，她的内心是特别开心的，感觉自己帮助到了他人，十分有成就感，尤其是能帮助这么多的农村老人们！

"土货"变"网货"

夏玉婷的理想就是你有什么"土货"的需求，告诉她，她可以在农村为你寻找到优质的"土货"，并把"土货"变成"网货"向你提供。农村的任何优质农产品都能够销售到城里来，最终达到客户、她、农户三方共赢。现阶段她主要提供的产品就是农家干货、农家百花蜜、农家板栗、农家菜籽油、农家纯甘蔗熬制土红糖、农家胡柚和农家红薯干等优质农家土货。所有的产品都是农户自己家里种采的，这些东西基本上都是没有添加、纯天然的绿色好食材。

　　行业的生存也要感恩每位帮忙分享推荐和年年支持的老客户。很多客户默默地推荐着，很多客户直接明了地下单，这种被信任的感觉是夏玉婷更好地为客户服务的最大的动力。让每位客户的钱花得值，花得开心，是她对自己最基本的要求。令她印象最深刻和最感动的是，有次，她在朋友圈销售福建的三红蜜柚，有位客户超级喜欢吃，也帮忙着推荐给了很多人，他自己也一次性买了五十盒，刚好碰到"双十一"后快递拥堵，快递延迟加上包装破损，一般情况下客户肯定是要求赔偿或者投诉快递的，而令她最惊讶和感动的不是客户不让她赔偿，而是客户也要她不要投诉快递，因为客户说快递员当时是从嘉兴坐高铁跑去派送的，客户告诉她说大家都辛苦、不容易。以往她认为这样的情况和话语是电视里才有的，而这么理性地为她们考虑的消费者能让她遇到，她十分感动和感恩。她以为客户以后不会在她这里消费了，又出乎意料的是，他不但成为她的忠诚粉丝，还不要回报地帮忙。她常常被感动，不是因为客户的高频复购，而是客户选择继续相信和支持她。并且他们都是不认识的陌生人，不是亲戚也不是朋友却能这么信任她，这是做土农产以来她最大的感动。

虚心好学，传帮致富

　　在当前"互联网＋"的大背景下，夏玉婷看准农村电商行业的发展前景，鼓励扶持有志人士投身农村电商大军，借助互联网打开销售渠道，让"互联网＋"成为精准扶贫的发力点之一。用互联网把农民手中的土货

"送出去"，把游客和人才请进来，把效益"留下来"，最终让群众"富起来"！

她虚心向周边有经验的互联网专家学习，同时参加浙江农民大学的培训，把学到的知识和掌握的新技术及时结合到生产实践中。作为一个农家土货的返乡代言人，她还向身边的农民传授互联网营销经验。

2018年，她引领当地猕猴桃基地开展以采摘、体验为主要特色的农旅融合项目，开始鼓励有条件的农户尝试第一、二、三产融合发展，她立志要一辈子做家乡优质农家土货的返乡代言人。

学医疗美容专业的夏玉婷返乡做家乡优质农家土货代言人

王 仕 阳

让小香薯插上"互联网＋"的翅膀

王仕阳·临安市灵溪甘薯专业合作社销售经理

　　他是一名"95后"，2018年6月他从英国就读的 University of Central Lancashire（UCLan）回到国内，放弃了其他所有的选择，回到了自己的家乡临安，选择传承父业——扎根农村。他一回来，做的第一件事就是选择报名参加浙江农民大学的培训。他参加了浙江农民大学经贸分校的杭州高级农产品经纪人培训班，在这个培训班上他遇到了几位农业梦想导师和一批志同道合的新农人。他立志要结合自己的留学经历，用科学的营养知识和博大的东方耕食文化制定小香薯的企业标准，让国人能吃上符合中国人健康需求的地道临安小香薯。

传承父业，扎根农业

15年前，浙江省农科院推出了被誉为"金手指"的袖珍番薯，该番薯首次在天目山镇九里村推广种植。与传统大番薯比，这种"身材"娇小、红皮金肉、质优高产的小香薯入口细腻、肉质粉糯、甜而不腻，堪称番薯界的品质"一哥"和颜值担当。因为市场认可度高，天目小香薯变身"金疙瘩"，迅速成为番薯界的"香饽饽"，种植规模日渐扩大。目前，小香薯在天目山镇的种植面积达到3000亩，年产量5000吨。

2018年，当得知镇里要举办香薯节，临安灵溪甘薯合作社社长王云洁一早就拉了一车刚出土的小香薯，到香薯节现场占据有利"地形"。王云洁是天目小香薯最资深的种植经销商，从事这个行当已经有10多年时间。经过10多年的精心耕耘，王云洁耕作的小香薯，不光走出了九里村，遍布全临安，还种到了海南，种植规模达2000亩，直接或间接带动了数百农户增收。

在小香薯领域大名鼎鼎的王云洁就是王仕阳的父亲，当得知就读于英国University of Central Lancashire（UCLan）的儿子回到国内，放弃了其他所有的选择，回到了自己的家乡临安，选择传承自己创立的产业扎根农村时，王云洁十分欣慰和激动。由于王仕阳的父亲不熟悉"互联网＋"，不知道如何切入新模式，内心一直渴望海归儿子能帮他的小香薯事业插上"互联网＋"的翅膀，让临安的小香薯飞向全国各地百姓的餐桌。近年来，随着淘宝、微商的迅速发展和冷链物流的普及，天目小香薯也插上了"互联网＋"的翅膀，飞向了全国各地。2017年，天目山镇的小香薯网销产值近4500万元。

天目小香薯插上"互联网＋"翅膀

"网红"来直播，连顺丰快递也来设展"蹭"流量……天目山小香薯真是越来越"吃香"了。

盛夏七月，正是瓜熟果香的季节，天目山小香薯也到了刨土采收的时节。为进一步打响"天目山小香薯"浙江原产地的品牌，进一步推动天目山小香薯的产业发展，带动乡村旅游，天目山镇在天目小香薯原产地九里村，举办第三届小香薯文化节。

文化节现场除了叫卖刚刚出土的小香薯、刚刚出炉的烤地瓜、刚刚出锅的地瓜粥和刚刚烘干的香薯枣及地瓜片，还来了几个打扮赶时髦的直播"网红"，颇为惹眼。只见"网红"们举着自拍器，不停地与小香薯们"同框"拗造型。据说"网红"们的"咖位"不低，粉丝量都在四五十万，一个上午时间，人气最旺的"网红"收获了100多万的围观。

除了"网红"们忙，"快递一哥"顺丰也没闲着，早早地便来到活动现场设摊"蹭流量"，展出了各色专为快递农产品定制的包装盒，寻求合作方。活动当天，天目山镇还与"我们大杭州"线上销售平台、链客优选、微盟公社等销售平台签订了合作协议，预计销售小香薯5吨。

王仕阳陪伴其父亲体验了"互联网＋"翅膀的魅力，并向他父亲描绘了"互联网＋"翅膀的美好蓝图。天目山镇有关负责人表示，随着小香薯知名度越来越高，天目山镇正在全力推动农旅融合发展，面向城市家庭推出了挖地瓜、做薯粉、制地瓜干等农事体验亲子活动，进一步丰富天目山的旅游产品。

从"颜值担当"到"标准担当"

王仕阳拥有强大的创业自信：其一，来自其父亲拥有的夯实的技术基础，他自己的海归经历为其插上了"互联网＋"的翅膀；其二，来自他与浙江农民大学的结缘。

经咨询和推荐，王仕阳报名并积极参加了浙江农民大学经贸校区举办的实用技术培训班。这一平台让他大开眼界，收获颇丰。在浙江农民大学经贸校区学习期间，王仕阳结识了一群志同道合的朋友。他们来自全省各地，都扎根乡村，虽然经历不同，但他们身上有着共同的创业方向和带领家乡百姓共同致富的朴实梦想。他们常常在一起头脑风暴、谈生意、谈生活，相互鼓励、共谋发展、互帮互助，这让海归的王仕阳在传承父业的创业路上倍感幸福。

在浙江农民大学经贸校区学习期间，王仕阳学习了最新的涉农"互联网＋"发展趋势和未来农业的质量标准体系，"新供销·心零售"的全新理念让他耳目一新、兴奋不已，当他知道自己正准备精心打造的小香薯企业标准体系符合未来农业的发展趋势时，他便加深了做"标准"良心农业

海归"农二代"王仕阳让天目小香薯插上"互联网＋"的翅膀

的信心，坚定了转型升级的决心。他把"新供销·心零售"的全新理念作为自己未来小香薯事业发展的"指南针"，综合运用自己"互联网＋"的资源；他招募了网络营销人才，开展网络宣传以提高天目小香薯的影响力和知名度；他指导自己的团队循序渐进地开通了微信营销、京东、淘宝、天猫、拼多多等全网渠道，实现线上线下融合发展。

黄凯筠视频访谈

黄 凯 筠

"苦中作乐"有机之路

黄凯筠·杭州铃彤农业开发有限公司创始人

她不懂茶叶，但是她下决心变卖了自己在香港地区的房产来到杭州富阳拓荒有机茶园；她不懂茶叶，但是她将有机茶的种植作为自己余生的终极事业。12年前，她只身来到杭州富阳小村庄，杭州富阳是她的父母曾作为知青下乡的地方，也是她学习的启蒙地。在同学们的帮助下，她用心寻找适合有机种植的山地，最后选择了位置偏远、没有路、没有电，只有一片荒山的杭州市富阳渌渚镇新岭村的有机茶园。她创立了杭州铃彤农业开发有限公司，注册了"仙冈古茶"品牌，开启了自己十多年如一日的"苦中作乐"有机之路。"仙冈古茶"是第五届中华茶奥会、首届全国评茶员职业技能竞赛浙江选拔赛赞助品牌。

变卖香港地区房产，富阳寻梦有机茶园

12年前，黄凯筠下决心变卖了自己在香港地区的房产，开始到杭州富阳拓荒有机茶园，杭州富阳是她的父母作为知青下乡的地方，也是她学习的启蒙地。她先是找到了自己的高中同学来帮她一起寻找适合有机种植的荒地，最后她选择了位置偏远、没有路、没有电，只有一片荒山的杭州市富阳渌渚镇新岭村的有机茶园。她的家人和朋友都不相信这种荒郊野岭能开拓出茶园来。然而，黄凯筠没有放弃，她好不容易找到了这片适合有机种植的土地，怎么也得尝试下。于是她创立了杭州铃彤农业开发有限公司，注册了"仙冈古茶"品牌，开启了自己的有机茶之路。

就是这样的尝试，然后坚持，再尝试，然后再坚持。经过开荒，开始种茶苗，经过2—4年的努力，第一批有机茶终于出来了。但是接下来几年，黄凯筠还是过得很艰辛。"一晃眼我就走过十多年了，也走得越来越好了。迈过一道道坎，我们的心态也变得越来越好。"这么多年，为这个有机茶园，黄凯筠投入了大量的心血。

"看着我们辛苦种植出来的有机茶园，非常欣慰。然而有一件事的发生，却让我难受了好一阵。"黄凯筠说。

有机农业发展前景几何

"有机农业是一种安全、可循环的产业，更重要的是它代表一种价值观、生活方式。不急功近利，保护自然环境、可持续发展。"在普通农业中，如大量使用氮肥会使得土壤板结，长期使用除草剂会使得土壤沙化，使用杀虫剂会让微生物近乎灭亡等，不说生产出来的作物如何，用这种种植方式，这片土地在不久的将来就可能无法种植。

目前，有机农业在我国的发展为何如此艰难？"这也是一个过程的问题，"黄凯筠说，"欧洲发展有机农业几十年了，而我们才刚开始十年。大家对有机食品认可度低，一是市场发展的正常阶段，二也是一些假冒有机产品的出现所致。在国外如果假冒有机产品是会被重罚和判刑的。"近年来，我国抓食品安全力度愈加严格，国家认监委和质检总局两手把控有机食品认证、检测等。消费者要学会掌握一定的食品安全判别知识，如果遇到假冒或问题产品可以进行投诉。

"我还是很看好有机产业的。有机食品安全健康、味道自然香甜，前期投入大，但持续效益好，避免了现代农业集中所可能产生的疾病。换一个角度，如果从单位金额购买的营养素来说，有机食品比普通食品便宜。"黄凯筠兴奋地对我们说。

十年磨一剑，梅花香自苦寒来

茶叶是浙江地区的特色农业，"仙冈古茶"茶园所处之地是元代著名画家黄公望创作《富春山居图》的原创地和实景地流域，青山绿水，群山环绕，远离工业区，是典型的"绿水青山就是金山银山"的好地方。大家对于有机农业的第一反应可能是"不使用化学合成物的农业"。确实，禁止使用化学合成物是有机农业的重要特征，却不是其仅有的特征。有机农业要求生物的多样、循环，要少耕作对土壤进行保护，要求和常规农业有一定的隔离区，有完整的记录体系和严格的生产控制等。

黄凯筠说，普通茶叶使用氮磷钾等化肥，可以使茶叶看起来色泽鲜绿，香气逼人，而相比普通茶，有机茶的颜色淡绿自然，香气清淡，在色相香气上都比普通茶略逊一筹。而有机茶却保留了茶天然的功效，如解毒消毒，防止心脑血管疾病等，且冲泡几遍后能越来越香甜。

如果喝完茶感觉喉咙干燥，则可能是农药超标较为严重造成的。相比之下，有机茶在安全、功效等方面都胜过普通茶。然而除了色香味上的区别，怎样进一步确认有机茶的真伪呢？首先，有机茶必须通过相关认证机构的认证，并取得证书。第二，有机认证的有效期为一年，消费者要懂得查看其证书是否过期。第三，有机产品必须贴有机标识。

在市场上，可能可以看到不少产品打着"有机食品"的名头在售卖，但是正规的有机产品是需要经过专业机构进行一系列严格的检测的，然后授予其有机产品认证证书，其产品包装上会明确带有有机产品认证的标识。在中国，茶叶产品的安全认证等级和大食品范畴一样，也分为四级：普通茶叶、无公害茶叶、绿色茶叶和有机茶叶。而在国际上，常见的有机认证包括国际生态认证、欧盟有机认证、美国有机认证、日本有机认证、瑞士有机认证等。

杭州铃彤农业开发有限公司仙冈古茶有机茶种植地在开垦前是原始的天然次生山林，远离普通茶园和农田的污染。使用无污染的牛羊粪、非转基因茶油渣等有机肥料。园区全部采用人工除草、生态除虫，保持良好生态环境易于害虫天敌生长，套种黄花梨等树种为茶园驱虫遮阴，又能散发香气融入茶香。除了黄花梨，茶园中还种植了大量的树种，包括在并未开垦成梯田的山地上种植，作为防护林使用。

"可循环种植不见得效益就差，可能在开始的几年需要大量的投入。而随着有机种植的持续，土壤等环境越来越好，产品可以持续高产优产，并且能产生多重效益。"

普通茶叶的种植，能较早地进入高产期，而在有机茶树进入高产期时，速生茶树已经走向衰弱。长期以来采用农药、化肥、生长激素等化学药品，使得茶园土壤板结严重，微生物丧失，能种茶树的土地越来越少。而有机种植则避免了这些问题。

有机人黄凯筠变卖香港房产，"苦中作乐"坚守有机之路

周 礼 超

把花积山打造成田园综合体

周礼超·临海市花积山水果专业合作社的理事长

他是临海市农民专业合作社联合会秘书长，为种植、推广安全绿色的猕猴桃，选择下海创业。2010年，在慎重考虑后，他最终选择了小芝和杜桥交界处的花积山作为猕猴桃的种植基地，并成立了临海市花积山水果专业合作社。他和浙江大学、浙江工商大学食品学院、郑州果树研究院都达成了合作协议，计划在三到五年内建成临海首个田园综合体。

为推广安全绿色猕猴桃，他选择下海创业

临海杜桥镇南溪村，是台州范围内较早一批种植猕猴桃的地方。而周礼超的家乡下周村就在南溪村的隔壁。

"以前，村民种植的猕猴桃，都要挑到杜桥镇上或者小芝镇上去销售，而且价格卖得很低。但猕猴桃作为水果贵族，营养价值很高，在国外价格是比较贵的。"周礼超说。他觉得村民散、小、乱的种植方式不仅辛苦，而且卖的价格也与猕猴桃的身份不相符。

于是，他有了大面积种植猕猴桃的想法。刚好，他得知一个消息：台州市农科院10多年前引进了不少猕猴桃的品种，但限于人员等各种原因，一直没有推广开来。周礼超便主动上门找到农科院的专家，沟通交流后，双方一拍即合，决定合作。

当下定决心种植猕猴桃时，没有任何种植经验的周礼超又前往衢州江山、陕西周至县、武汉植物园等地方学习取经。

2010年，在慎重考虑后，周礼超最终选择了小芝和杜桥交界处的花积山作为猕猴桃的种植基地，并成立了临海市花积山水果专业合作社。

"选择花积山最重要的原因是，这里的地理环境优越，山好、水好、空气好，应该说非常适合种植猕猴桃。"周礼超说，花积山离自己村很近，在管理和人员上都有一定资源和优势。

最初他承包了300亩地，根据花积山的土壤、空气、湿度等各种因素，周礼超选择了最适合在此种植的徐香品种，并全部按照标准化、规范化进行绿色、有机种植。

周礼超告诉记者，在食品安全危机四伏的当下，他想为老百姓提供更安全、放心、绿色的水果，这也是他会选择种植猕猴桃的一个重要原因。

种出高品质猕猴桃，卖到上海、南京等地

2010年，第一批徐香品种的猕猴桃种下去后，周礼超在种植过程中坚决不用农药、不用除草剂，施用牛粪、鸡粪、兔粪等有机肥作为肥料，精心照料，一年下来猕猴桃树长势喜人。

2011年，周礼超又从四川引进了早熟的红阳品种猕猴桃，种植面积进一步扩大到400多亩。

2012年，徐香猕猴桃开始挂果，到了10月份上市后，尽管量不多，但是由于品质高、口感好，15元一斤的猕猴桃一上市马上就卖精光，这样的结果给周礼超极大的安慰和信心。

到了2013年，顺着上一年良好的态势，周礼超再次扩大种植面积，达到500多亩。正当他期待今年大丰收的时候，一场天灾浇灭了他的期待。

"2013年遇到了干旱，最长的时间将近两个月没有下雨，那时没有蓄水池，直接导致1000多棵猕猴桃树死亡，损失至少50万元。"周礼超说。有了这次教训后，在接下来的一年，他们便安装了滴灌，挖水塘、修水池，把蓄水设施搞好，以防干旱的再次来临。

但没想到的是，祸不单行，2014年刚把蓄水设施搞好，2015年红阳品种的猕猴桃又遭到病虫的侵害，更无奈的是这种病害只能预防不能根治。于是，周礼超又到市农科院咨询专家，并跑到四川找有经验的老种植户讨经验。

2015年，猕猴桃成熟上市时，周礼超拿到了国家绿色食品的认证，并参加了农博会，其种的猕猴桃通过展销，一车一车地销往上海、南京等地，获得了很高的口碑，也积累了不少的客户。

做良心农业，打造临海首个田园综合体

从 2015 年开始，周礼超连续两年都组织开展猕猴桃采摘节，效果非常好，每天基本上都有上千人过来采摘。

采摘节不仅给游客提供了新鲜的水果采摘，还打出口碑，扩大了客户群。同时，他还通过食品的深加工，拓展产品的多样化，将果干、果酱、果汁等产品销售给客户。

"在采摘节过程中，很多游客纷纷表示种植基地的环境很好，适合观光休闲旅游，但合作社相关的吃住等配套设施没有完善，这是他们跟我反映最多的几点。"周礼超说。他在做好猕猴桃种植基地的基础上，决定打造全市首个田园综合体。

2017 年 2 月 5 日，"田园综合体"作为乡村新型产业发展的亮点被很多新闻媒体报道，这一新闻吸引了周礼超的眼球。

那什么是田园综合体呢？从业态上来看，这是"农业＋文创＋新农村"的综合发展模式，是以现代农业为基础，以旅游为驱动，以原住民、新住民和游客等几类人群为主形成的新型社区群落。

周礼超认为，目前，花积山最大的旅游优势就是自然环境优美，空气

周礼超坚守良心农业，打造临海首个田园综合体

非常新鲜，很适合养生；加上以前小芝到杜桥的古道两侧还有寺庙、驿站等，游客可以通过这条古道体验一下以前人们出行的交通道路。

此外，周礼超还开辟了休闲区域，专门供游客钓鱼、烧烤、爬山等，增加了可以同时容纳百人的餐厅，以及可接待20人左右住宿的民宿。

"现在，我们已经跟浙江大学农业与生物技术学院、浙江工商大学食品学院、郑州果树研究院都达成了合作协议，未来还计划打造一个规范化的青少年素质拓展基地。"周礼超说，他计划在三到五年内建成临海首个田园综合体。

徐晓强视频访谈

徐 晓 强

乡土人才"养生"事业助"消薄"

徐晓强·龙游晓强中草药专业合作社社长

他是龙游县第三批优秀人才、龙游县第二届农民专家、龙游县第三批领军人才、衢州市十佳农村实用人才、2017年度龙游县科协工作先进工作者。他的合作社是浙江农林大学教学科研实习基地、浙江省中药材产业第四届理事单位。他2008年进入中草药行业，积极推进"公司＋基地＋农户＋科技"经营管理模式，带动边沿5个乡镇和本乡78户农户签约合作种植元胡、浙贝母两个宜推品种，与基地农户通过订单合同建立了可靠、稳定的利益联结机制，带动龙游县全县发展中草药1000余亩，极大地推动了龙游县山区经济的发展。

徐晓强，农作物栽培高级农民技师、浙江龙游晓强中草药专业合作社理事长。从创建中药材生产基地到成立晓强中草药专业合作社，再到如今的枣椿堂农业发展有限公司，徐晓强带领该县社阳乡群众发展中草药产业，推动乡村振兴。在枣椿堂农业发展限公司，徐晓强经常忙着向村民解答中草药种植技术问题。"免费上门服务，还要包收购"，对于社阳乡，他总是有着别样的情感。

社阳乡地处山区，气候湿润，大多属于紫砂土，土质肥沃，土壤疏松，透气性好，非常适合药材种植。为此，原本在外经营药材生意的徐晓强看中了这里。2010年以来，徐晓强投资2000多万元，在青塘坞、源头、红光、金龙等村建起600余亩的中药材基地，种植品种多达20个，并在社阳村建设了一个占地1600平方米的中药材加工厂。此外，他又通过建立中药材专业合作社，以半价供应种子和略高于市场价收购等方式，吸引了90多个社员种植元胡、浙贝母等药材200多亩。同时，徐晓强还学习林下套种、中草药盆景栽培、药食两用等技术，逐步丰富自己的中草药种植利用生态链。

"希望带着农户一起致富。"徐晓强满满的都是想法，2017年改良了黄精的深加工，使黄精成为开袋即食、携带方便的休闲保健食品，生产效益增加了十余倍。徐晓强打开真空包装的小袋，露出来的是黑褐色的成品。"这是连续半个月每天蒸煮10小时的效果，不然，药效发挥不出来。"他说，2015年就开始准备黄精深加工，经过无数次的工艺改进，才有了现在的"地藏黄精"。"每改善一次都要把产品送给各地朋友品尝，根据他们的反馈再改进。"2018年11月1日，在第十一届中国义乌国际森林产品博览会上，徐晓强的"太阳之草黄精"荣获金奖，多年来种植研发的心血得到了社会和市场的广泛肯定。

光有技术可不行，徐晓强还在尝试中草药采收自动化。"中草药采收要自动化。"但如今机器还处于"砸钱"状态。徐晓强一边有空就跑山东研究，一边让衢州市职业技术学院做研发。虽当下并无收益，有时因机器故障还把草药给破坏了，但徐晓强却一点也不心疼。他说："有投入才会有回报。"

的确如此。徐晓强学习的林下经济、中草药盆景栽培、药食两用等，亦逐步开展起来。当前正在筹划的药食两用，徐晓强已经谋划多年。"还在研发。"徐晓强并不满足于此，他想多开发些品种，借此延伸中草药的产业链。

"研发团队的人员已基本到位，再做些前期工作便可进入中草药盆栽培育研发阶段。"徐晓强兴奋地告诉记者，他们和浙江工业大学药学院建立了合作关系，成立了浙工大药学院——龙游晓强中草药研发中心、龙游晓强中草药专业合作社浙江工业大学大学生实践基地和中药材室内景观植物开发联合研发中心。"他们提供技术和人才，我们提供资金和场地，双方合力共同开创中草药发展新道路。"

经过研发，徐晓强成功培育出金银花、桔梗、三叶青等8种草药盆栽。"草药盆栽土少，培育技术比普通种植模式要求高，单靠我们自己的力量已经很难在技术上得到保证了。"经浙江农林大学搭桥牵线，晓强中草药专业合作社与浙工大药学院一拍即合，建立了合作关系，整合双方资源，解决中药盆栽开发的技术问题，共同促进品牌传播。

"等我们再多培育十几个品种，到明年上半年一并推出，争取一口气就把品牌打响。"徐晓强说。等到产品成形后，晓强中草药合作社还将与浙工大药学院分工销售，浙工大药学院将负责线上销售，晓强中草药合作社则负责线下市场，双方合力以"互联网＋"的形式抱团销售中草药花卉盆景，发展科普类乡村旅游。

目前，徐晓强的合作社在衢州各地区都有种植黄精的社员，仅龙游就有3000余亩社员基地。"大田亩产量3000公斤左右，林地套种亩产量也可达一两千公斤，每20公斤黄精可制成1公斤'地藏黄精'。"徐晓强说，"社员按要求种植，我的收购价比市场价高1元每公斤，深加工还能提升10倍的利润"。结合"林药模式"，社阳乡凤溪村村民谢征寿种了9.5亩黄精，预计产值约14万元。"现在真的是地里也能挖出'黄金'了。"谢征寿指着"黄精"基地高兴地说。

下一步，晓强中草药合作社将继续扩大"黄精"等中草药种植规模，通过"晓强中草药＋结对企业＋经济薄弱村"的新模式，建强"消薄"队伍。利用"一乡两库"天然氧吧及绿色生态优势，大力发展乡村休闲游，深化晓强中草药合作社与结对企业合作，农旅结合，增加农民收入，引导经济"薄弱村"摘帽，逐步打响社阳乡生态旅游品牌，实现本土企业"亮招牌"、村集体经济持续增长的"双赢共进"。

衢州市十佳农村实用人才徐晓强用"养生"事业助"消薄"

附　录　"访农创"实景图片

无人机航拍场景

基地视频访谈场景

高山视频访谈场景

养殖厂视频访谈场景

演播厅视频访谈场景

扫码看视频

2018年"浙江农民读书月"主题活动"三门新型职业农民领头人培训班暨鲜甜三门优质农产品进杭城高校推介会"活动包括实战培训、校社企三方签约、农产品校园趣味科普、优质农产品校园师生品鉴（测评）、校园O2O展销、优秀学员采访、在线品鉴问卷等。

扫码看视频

"培训＋校园心零售"活动从62名学员中共遴选12家专业合作社、50多个SKU名、特、优农产品参与评测，向大学生累计发放7000余张"浙江农民读书月"主题活动游园卡，累计发放奖品"山湾桔"数千斤，活动期间，仅经贸教职工订购的三门鲜活农产品已超10000斤。

省政协副主席孙景淼
为优秀学员点赞

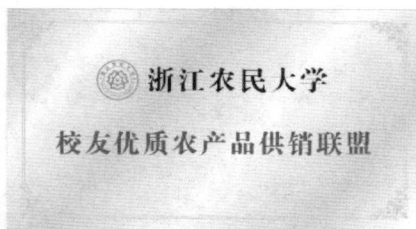

浙江农民大学
校友优质农产品供销联盟

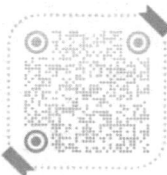

2019年11月19日，在原浙江省副省长、浙江省政协副主席孙景淼等领导的见证下，浙江农民大学校友优质农产品供销联盟被政府正式授牌

康创邦
COUNTRYPIA
访农创
让互信成为一种力量

◎ 后 记

　　在本书的整理、策划、撰写和出版期间，我有幸得到了来自各方的种种帮助。正是因为大家给予的这些帮助，本书才得以出版。在此，我要向那些关心、帮助和支持我的机构和个人表达诚挚的谢意！我要感谢我亲爱的父亲和母亲，感谢他们十五年以来对我涉农爱心社会培训服务工作的无条件支持和暖心鼓励，感谢原浙江省副省长、浙江省政协副主席孙景淼的勉励，感谢浙江省农业农村厅科技教育处调研员陆益、浙江农民大学教管中心副主任李震华、浙江经贸职业技术学院副校长何学军、浙江经贸职业技术学院继续教育学院原院长许兴苗和同事们一直以来对我的包容、勉励和大爱支持，感谢台州市农业农村局副调研员张光根的热心帮助，感谢中国工程院院士刘仲华教授和浙江大学博士生导师王岳飞教授对"访农创"团队的公益顾问指导，感谢浙江省社会科学界联合会对本书的资助，感谢浙江工商大学出版社张晶晶编辑十分耐心专业的服务，感谢浙江农民大学各校区、各学院、各学校同仁的热心帮助和无私奉献，感谢"访农创"团队的全体成员的辛苦付出（罗雪、谢基威、杨昊炀、董世佳、陈科向、麻敏杰、陈依欣、胡晶晶、章智超、吴淑慧、张颖等），感谢30位浙江农民大学优秀学员提供的基础创业资料，感谢所有未曾谋面的记者为整理30位优秀学员的基础资料所付出的辛苦和智慧，要感谢的人还有很多，但是篇幅有限，未能一一列出，请大家见谅。

　　正因为有这么多人的热心帮助与鼎力支持，我这本书才得以顺利出版发行，更令我有机会通过这本书，感召更多"有情怀、有知识、有本领"的新时代"良食"耕耘者一起聚力乡村振兴、赋能健康中国，为把中国人的饭碗端在我们自己的手里一起贡献我们这代人的智慧，助力推动中国食物教育立法，我再次向大家致以诚挚的谢意！

　　由于时间匆忙、水平有限，书中难免有疏漏和不当之处，敬请读者批评指正，在使用过程中有何意见和建议请发邮件至主编邮箱21973724@qq.com，我们将进一步修改完善。

　　感谢你的阅读，期待你的分享。

丁　勇

2020 年 8 月